景观桥梁美学实现设计理论与方法

丁建明　曹　菲　景国庆　等 著

东南大学出版社
南京

内容简介

本书介绍了景观桥梁美学实现"环境协调、建筑文化、结构表现、多元体验"四维设计理论的形成、发展过程及其应用方法，阐明了以解构—重构为核心的景观桥梁结构体系设计新理论，解说了景观桥梁结构赋形参数化设计模型。全书结合典型工程案例，聚焦景观桥梁结构的创新与赋形难题，详细阐述还原拆解构成法、多阶段迭代设计方法、联合设计法、多元形态设计法等创新设计方法在景观桥梁美学实现中的应用。书中还详解了 BIM 技术在景观桥梁智能化、参数化设计中的应用。本书对推动景观桥梁美学理论与工程实践的高效融合，为达成景观桥梁在力与美、构与形、桥与境之上的和谐统一开辟了新的技术路径。

本书可以作为桥梁工程教学人员、设计人员和管理人员、美学工作者以及其他相关设计人员的参考书。

图书在版编目（CIP）数据

景观桥梁美学实现设计理论与方法/丁建明等著. —南京：东南大学出版社，2022.12
ISBN 978-7-5766-0367-5

Ⅰ. ①景… Ⅱ. ①丁… Ⅲ. ①桥梁工程–景观设计–建设美学–研究 Ⅳ. ①U442.5

中国版本图书馆CIP数据核字（2022）第226996号

责任编辑：张新建　　封面设计：余武莉　　责任印制：周荣虎

景观桥梁美学实现设计理论与方法
JINGGUAN QIAOLIANG MEIXUE SHIXIAN SHEJI LILUN YU FANGFA

著　　者：	丁建明　曹　菲　景国庆　等
出版发行：	东南大学出版社
社　　址：	南京四牌楼2号　邮编：210096　电话：025-83793330
网　　址：	http://www.seupress.com
电子邮件：	press@seupress.com
经　　销：	全国各地新华书店
印　　刷：	徐州绪权印刷有限公司
开　　本：	889 mm × 1 194 mm　1/16
印　　张：	14.75
字　　数：	350 千字
版　　次：	2022 年 12 月第 1 版
印　　次：	2022 年 12 月第 1 次印刷
书　　号：	ISBN 978-7-5766-0367-5
定　　价：	188.00 元

本社图书若有印装质量问题，请直接与营销部调换。电话（传真）：025-83791830

文化为魂，匠心为本。铸造桥梁精品

让更多美的桥梁服务于国家建设和人民生活

前言

桥梁是人类社会最古老也最具有象征意义的公共建筑之一，它不但承载着沟通与联系交通的天然使命，而且也是人类不断挑战自然、克服天堑的精神象征。随着中国社会经济的快速发展，人民的生活品质和文化自信日益提高，高品质发展已成为全社会对桥梁工程建设提出的新要求和新期望。新时代的景观桥梁应兼具交通、文化、审美、体验等多元功能。处于城市生活空间中的景观桥梁，其建筑内涵与美学表现更是展示城市特色和形象魅力的重要窗口。

目前，我国景观桥梁在美学实现方面存在着结构设计规范性与美学设计发散性难以融合、空间复杂异形桥梁结构赋形难以实现、复杂造型景观桥梁的建造品质难以控制等问题。本书聚焦景观桥梁美学实现的痛点和难点问题，以大量工程实践为基础，融合交通、土木、建筑等多学科理论，提出景观桥梁美学实现设计理论并形成了核心技术体系，打通景观桥梁从设计美学、文化理念到工程实现之间的技术路径；提出以解构—重构为核心的景观桥梁结构体系设计新思想，建立结构赋形参数化模型，突破了传统景观桥梁设计模式，为异形复杂空间桥梁的结构赋形提供了新思路；归纳总结出景观桥梁美学提升的设计方法，全面介绍了BIM技术在景观桥设计中的应用价值和应用方法，积极推动了我国景观桥梁美学设计、智能化设计以及建造技术水平不断提升。

本书共分8章。全书框架由丁建明制订，第1章由丁建明、景国庆、韩振勇完成，第2章由丁建明、曹菲、景国庆合作完成，第3章由曹菲、李升玉、费梁、陈素华合作完成，第4章由陈娟婷、李升玉、李秉南、王景全合作完成，第5章由李瑞琪、李秉南、濮岳川合作完成，第6章由于智光、曹菲合作完成，第7章由丁建明、曹菲、景国庆合作完成，第8章由丁建明完成。全书统稿由丁建明负责，曹菲、景国庆参与完成。校订工作由景国庆、曹菲负责，刘京、陈建军参与完成。另外，还有诸多同事为本书提供了详备的工程案例资料，对本书的编写给予了热心的帮助与支持，在此表示诚挚的感谢。

著者
2022年8月于东南大学

目录

第 1 章　概述　001

1.1　景观桥梁发展现状及其美学实现理论研究　002
- 1.1.1　景观桥梁美学国内外研究状况　002
- 1.1.2　景观桥梁美学设计领域面临的难点问题　003
- 1.1.3　景观桥梁美学实现理论研究　004

1.2　美学、工程美学与桥梁美学　005
- 1.2.1　美的产生与发展　005
- 1.2.2　美的内涵及审美的特征　006
- 1.2.3　美的存在与价值　006
- 1.2.4　审美欣赏及其影响要素　007
- 1.2.5　工程美学、工程审美与美感　009
- 1.2.6　桥梁美学与桥梁造型的形式美学法则　009

第 2 章　景观桥梁美学实现设计理论　013

2.1　"四维"设计理论概述　014
- 2.1.1　"四维"设计理论的产生　014
- 2.1.2　"四维"设计理论的内涵　015

2.2　环境协调理论　016
- 2.2.1　环境协调理论概述　016
- 2.2.2　环境协调理论的实现方法　018

2.3　建筑文化理论　028
- 2.3.1　文化的定义、内容与作用　028
- 2.3.2　建筑文化理论概述　029
- 2.3.3　建筑文化理论的实现方法　031

2.4 结构表现理论	036
2.4.1 结构表现理论概述	036
2.4.2 结构表现理论的实现方法	039
2.5 多元体验理论	047
2.5.1 多元体验理论概述	047
2.5.2 多元体验理论的实现方法	049
2.6 景观桥梁美学实现流程控制与功能评价方法	051
2.6.1 流程控制与功能评价方法概述	051
2.6.2 流程控制与功能评价一体化平台的技术路线	052

第 3 章　景观桥梁结构体系创新设计理论　　055

3.1 景观桥梁结构体系创新设计总论	056
3.1.1 景观桥梁结构体系设计概述	056
3.1.2 景观桥梁结构体系与桥梁基本类型	058
3.2 结构体系设计创新的技术路径	061
3.2.1 结构体系的组合与协作	061
3.2.2 结构构件的选型与连接	063
3.2.3 结构力流的分析与应用	065
3.3 景观桥梁结构体系总体线形美学设计原则	066
3.3.1 平面总体布局设计原则	066
3.3.2 桥梁轴线与平面形态设计原则	066

第 4 章　景观桥梁结构体系创新设计方法　　069

4.1 拆解集成的结构体系设计法	070
4.1.1 方法原理及工作流程	070
4.1.2 案例：长三角一点方厅水院步行桥	071
4.2 多阶段迭代结构体系设计法	080
4.2.1 多阶段迭代设计法的工作路线	080
4.2.2 多阶段迭代设计法的技术路径	081
4.2.3 案例：反对称截面的环形交叉桁架	082

4.3　基于刚度分配理论的结构体系设计法　　090
    4.3.1　基于结构竖向刚度优化的结构体系设计　　090
    4.3.2　基于结构水平刚度优化的结构体系设计　　101
    4.3.3　基于结构刚度的施工过程内力调整　　108

4.4　空间拱结构体系的创新设计方法　　112
    4.4.1　阵列组合设计法　　112
    4.4.2　空间力系动态平衡设计法　　121
    4.4.3　拱肋造型优化法　　124

第 5 章　景观桥梁美学提升设计方法　　131

5.1　典型桥型美学提升设计方法　　132
    5.1.1　连续梁结构　　132
    5.1.2　拱桥结构　　137
    5.1.3　钢桁梁结构　　142
    5.1.4　斜拉桥结构　　144
    5.1.5　悬索桥结构　　146

5.2　结构细部的美学提升设计方法　　147
    5.2.1　结构节点美学设计　　147
    5.2.2　色彩与材质的美学表现　　154
    5.2.3　结构与亮化的一体化设计　　155

第 6 章　景观桥梁 BIM 应用技术　　159

6.1　景观桥梁参数化设计理论　　160
    6.1.1　景观桥梁参数化设计概述　　160
    6.1.2　景观桥梁参数化设计流程　　164

6.2　景观桥梁参数化设计方法　　166
    6.2.1　连续梁参数化设计　　167
    6.2.2　拱参数化设计　　171
    6.2.3　索参数化设计　　174

第 7 章　综合应用案例　　179

7.1　异形空间桁架结构典型案例　　180
- 7.1.1　南京浦口桥林胭脂扣步行桥　　180
- 7.1.2　南京青奥公园跨河桥　　184

7.2　多肢、多连杆拱桥典型案例　　188
- 7.2.1　常州星港大桥　　188
- 7.2.2　威海石家河大桥　　195
- 7.2.3　深圳前海梦海前湾河桥　　201

7.3　空间索面结构典型案例　　206
- 7.3.1　东阳市博士路大桥　　206
- 7.3.2　北京冬奥会张家口赛区冰雪五环桥　　212

第 8 章　总结与展望　　221

- 8.1　总结　　222
- 8.2　展望　　223

参考文献　　224

致谢　　225

Chapter 1

第 1 章
概 述

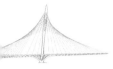

1.1 景观桥梁发展现状及其美学实现理论研究

桥梁是人类为了扩大自身生存活动空间，运用科学技术对物质世界改造的产物，是为克服江河湖泊、峡谷、道路等障碍而建造的工程建筑。同时，桥梁还是时代的坐标，是凝固的文化，它反映着时代的进步，表达了人们对文化、审美的追求。作为人类生产生活中重要的公共设施，桥梁的功能正沿着交通、观光、休闲等多元化方向发展。

随着中国社会经济的发展，"以人为核心、以提高质量为导向"的新型城镇化战略逐渐深入人心，人们的审美综合素质也在不断提高，这些都促使人们对生产和生活环境景观质量的要求越来越高。同时，对于服务于人的桥梁工程，其景观价值凸显也显得愈发重要。对处于城市生活和旅游休闲空间中的桥梁，其景观属性优劣更是决定了该桥建设的成败。因此，景观桥梁的概念也应运而生。顾名思义，景观桥梁是在环境景观、工程审美及行人体验等方面具有特殊价值要求的桥梁。社会、城市和人民都对景观桥梁的建设成效怀有很高期望，希望桥梁不仅仅是满足交通功能的构筑物，更希望它是能美化环境、沟通心灵、塑造风景的艺术品。

1.1.1 景观桥梁美学国内外研究状况

国外对景观桥梁的系统研究已有超过100年的历史。1912年，美国桥梁工程师亨利·格拉顿泰瑞尔发表了《景观桥梁设计：系统论述现代桥梁设计的美学原则》，通过众多桥梁设计案例和图片展示了桥梁的形式和艺术美，系统地论述了现代桥梁设计和美学的关系。

德国著名桥梁学家弗里茨·莱昂哈特与卡尔·舍希特勒在1936年出版了《桥梁造型》一书，提出适用于具体桥梁的景观设计方法。

20世纪70年代，桥梁景观设计开始独立地出现在桥梁规划中。1988年日本成立了本四联络桥景观委员会，专门负责相关桥梁景观设计方案的审查和研究。日本同时期建设的东京彩虹桥等项目相继把桥梁景观设计纳入了方案评审，并出版了《桥梁景观的演进》《桥与景观》等专著，推动了桥梁景观学在日本的发展。

20世纪90年代，美国桥梁景观学家弗雷德里克·戈特莫勒（Frederick Gottemoeller）将"Bridge"与"Landscape"合成新词"Bridgescape"，用于表达桥梁景观，并于1998年出版了 *Bridgescape: The Art of Designing Bridges*《桥梁景观——桥的设计艺术》，将桥梁景观设计分成线型设计、造型设计、平面布局设计、色彩设计、肌理设计、装饰设计等六大部分，对桥梁景观设计中涉及的符号学、历史文化、技术美学等各方面进行了阐述，力求使桥梁设计达到功能、美学、文化与技术上的协调统一。

20世纪90年代以后，西方涌现了一大批桥梁结构美学设计大师，其中最具代表性的是西班牙建筑师圣地亚哥·卡拉特拉瓦。他的作品多采用自由流动的曲线、组织严密的结构系统，以结构塑造建筑的形态特征。运动的概念贯穿了整个结构形态，从整体到每一个细节。其在1992年为西班牙塞维利亚世界博览会设计的竖琴式阿拉密罗大桥(Alamillo Bridge)，采用倾斜的无背索斜拉桥方案，白色的混凝土桥塔向后倾斜展现出张力和美感，体现了景观桥梁的结构设计创新。

时至今日，国外桥梁美学设计已经达到了一个新的高度，由建筑师、结构师、材料工程师等多领域合作创新的桥梁项目与日俱增，新的设计方案不断出现，给城市增添了一道道亮丽的风景。

中国古代桥梁无论是在技术还是艺术上都在世界桥梁历史中拥有一席之地。赵州桥是世界上现存最早和保存最完好的敞肩石拱桥，其拱上叠拱的敞肩拱造型构思巧妙，是古代石拱桥的典范。此外中唐时代的宝带桥、南宋洛阳桥以及北京卢沟桥、扬州五亭桥、广西侗寨风雨桥等一批保存至今的中国古代名桥，构成了独具特色的中国古桥艺术宝库。

20世纪50年代围绕武汉长江大桥就曾聚集建筑师、艺术家与桥梁工程师，一起对桥梁造型、桥塔、观景台以及附属设施如栏杆、路灯、雕塑等进行景观设计，雄伟壮丽的身姿和精致的细节使其成为武汉的城市标志，今天我们仍然能够感受到武汉长江大桥独特的魅力。

改革开放以来，随着社会经济的发展，城市建设对桥梁景观的营造与设计也提出了更高的要求，在规划初期已将桥梁景观作为一个重要的景观要素加以考虑。

20世纪80~90年代是中国现代桥梁美学的形成和发展时期，国内相继出版了各种展示桥梁建设成就和桥梁艺术的书籍：1987年出版了樊凡编著的《桥梁美学》，翻译出版了日本山本宏的《桥梁美学》、伊藤学的《桥梁造型》；1999年出版了盛洪飞编著的《桥梁建筑美学》、和丕壮主编的《桥梁美学》；2001年出版了徐风云等主编的《桥梁景观》等。

2000年以来，更多的高校、设计单位在国外经验的基础上对桥梁景观进行了更广泛深入的研究，发表了一系列有关桥梁景观造型方法、美学评价等的论文，对国内桥梁景观设计水平的提高起到了重要的作用。

2014年，交通部《公路桥梁景观设计细则》通过审查，标志着中国桥梁景观设计有了第一本官方指导性标准，也体现了国家建设管理部门对桥梁景观的重视。虽然我国桥梁景观设计开始受到政府重视，但将景观桥梁作为一个独立概念进行系统研究，是近年来才提出的。

1.1.2 景观桥梁美学设计领域面临的难点问题

国际上在20世纪20年代已针对桥梁美学和桥梁景观进行研究工作，并具备了一定的技术积累。最近的半个世纪，世界范围内涌现出一批优秀的桥梁建筑师和景观桥梁作品。但因为景观桥梁介于艺术和技术之间的特殊属性，景观桥在美学研究方面存在诸多盲点。目前就景观桥梁美学设计领域来说有以下三大难题亟需解决：

1. 景观桥梁美学实现缺少系统的设计理论和方法

目前我国景观桥梁的设计和建造在美学实现方面存在理论滞后和技术不足的问题。尽管许多设计单位和建设单位已经注意到这个问题并成立了专门的景观桥梁设计部门或进行专题研究，但其中大多数处于模仿学习和技术摸索阶段，未形成系统的理论和技术方法，因而缺乏上层架构上的指导性，致使景观桥梁的建设质量难以得到保证。

2. 景观桥梁美学造型与结构设计之间难以融合

景观桥梁具有多学科交叉、多功能体验等多元属性，因此往往需要多个学科设计团队共同合作完成。由于造型和空间关系的复杂性、多样性，景观桥梁的结构实现具有较大难度。现有结构设计思路和方法难以取得美学创意和结构技术之间的平衡，最终无法达成理想的桥梁美学目标，因此越来越需要完善的设计理论和方法来提供支撑。

3. 复杂造型景观桥梁的建造品质难以控制

由于景观桥梁结构多数体系复杂或对细节美学设计要求较高，以致建造方不能完全领会设计意图；或者设计方对建造方的技术支持力度不够，很难确保建造方在经济、高效的前提下完成对景观桥梁复杂形态的塑造。为了使复杂造型景观桥梁的创作意图得到精确贯彻，就必须加强以提升建造品质控制为立足点的设计技术开发研究。

1.1.3 景观桥梁美学实现理论研究

随着工业化、城市化发展水平的不断提高，社会与公众也开始对桥梁景观提出较高的要求，简单常规的简支梁桥、连续梁桥、系杆拱桥已经不能完全满足建设的需求，桥梁的美学价值愈来愈受重视。越来越多的桥梁除具备基本交通功能外，还需要兼具文化、审美、体验等多元功能。因此，多元视角下的景观桥梁美学实现研究就显得尤为重要。

景观桥梁美学实现的多元属性决定了其理论研究必须以多学科交叉为基础。只有通过土木、交通、建筑、美学等多学科领域的交叉融合与协同攻关才能形成较为系统的景观桥梁美学实现设计理论。结构赋形是景观桥梁美学理论中的核心问题，为有效突破这一技术瓶颈，理论研究还需要充分结合 BIM、虚拟现实等人工智能技术，并以此为基础开创出新的结构设计方法，实现景观桥梁造型与结构的融合。同时，景观桥梁美学实现设计理论研究还应充分关注以建造为基础的美学实现，脱离了建造实现，设计理论就会成为无本之木、无源之水。

总之，景观桥梁美学实现理论的研究必须以工程实践为依托，充分聚焦美学设计发散性与结构设计规范性难以融合，造型复杂、空间复杂异形的景观桥梁结构难以赋形等核心问题，方能提出系统性的设计理论和技术方法，给抽象的自然、文化意象物化为具体的景观桥梁结构指出一条清晰、明确、切实可行的技术路径。同时，新理论的形成对提升我国景观桥梁设计理论水平，提高景观桥梁建设品质也会产生重要的作用。

1.2 美学、工程美学与桥梁美学

桥梁美学是工程美学的一个分支,而工程美学又源于美学(图1-1)。为了更好地理解桥梁美学的内涵,进一步把握景观桥梁实现设计理论的思想本质,有必要对相关美学知识进行梳理、总结。

图1-1 景观桥梁美学实现设计理论在美学体系中的位置

1.2.1 美的产生与发展

美因人类而生,又随人类发展而不断发展。人类不同文明时期对美的认识也各有不同。原始文明产生原始美,其美的表现以简朴、直观为主,朴素的审美造型体现了夸张与写实的高度统一。农业文明时期人类与自然关系更加密切,自然与社会实践内容更加丰富,对美学观点的哲学思考也更加深入。无论是中国还是西方其审美情感集中表现为追求平衡与和谐,比如中国的"天人合一"理念、西方的"比例与和谐"理念等。18世纪的工业革命促进了工业文明的诞生。工业文明背景下的美学正式确立成为一门独立的学科,各种美学思潮应运而生。德国哲学家鲍姆加登第一次赋予审美这一概念以范畴的地位,他认为美学即研究感觉与情感规律的学科。1750年,他的《美学(*Aesthetic*)》一书的出版,标志着美学作为一门独立学科的产生。康德与黑格尔进一步发展了鲍姆加登的理论，对美学的感性和理性统一问题进行了深入研究。19世纪中叶，马克思主义美学诞生，马克思、恩格斯关于美的规律的理论充分肯定了审美主体的主体性，重视作为审美创造材料的客观事物的规律性，为人类审美创造作出了深刻的理论概括。

19世纪末，现代主义风格开始兴起。法国埃菲尔铁塔、英国莫里斯"红屋"掀起了以"设计之美"为核心的现代主义风格浪潮。包豪斯是其中影响力最大的学派，该学派主张将现实的生活因素与设计造型结合，主张坚持发展创新的意识，打造一种新的生活方式，追求艺术与技术的统一。美学发展到当代，开始摒弃现代主义美学造成的千篇一律的国际主义风格，在美学表现上更推崇个性与多元化表达。从美学的发展脉络看，以"环境协调、建筑文化、结构表现、多元体验"为核心的"四维"景观桥梁美学实现理论是当代先进美学思想在景观桥梁建设中的灵活运用。

1.2.2 美的内涵及审美的特征

1. 美的内涵

美是人类在改造自然和社会实践过程中产生的，也就是说劳动创造了美，美是通过劳动让人的本质力量在客观对象上实现感性显现。美的内涵至少有以下几层含义：首先，美由人的主观感性呈现，人是美的主体；其次，美是客观对象在人的主观精神世界中的意象显现，美的产生离不开客观对象；最后，主体人和客观对象之间以感知为媒介产生了情感的联系。这种情感的联系不仅与主体人的生活经历、文化素养和心理状态等有关，还与客体的形状、颜色、质感和实用性等有关，而美就是在主客体之间的情感激发中产生。

2. 审美的三大特征

有了美也就有了审美，美学研究的问题主要是研究主客体之间的审美关系问题。人总是生活在客观世界之中，因而审美无处不在。总的来说，审美有三大特征。一是情感性。在审美关系上，主客体之间通过情感建立联系，是主体人对客体是否符合自身需要而产生的态度体验。二是移情性。以人为主体的审美活动包含着对客体对象的人性化过程，主体通过移情的作用活化了客体，使其具备灵性并完成主客体间的情感交流。三是想象性。在主体对客体进行人性化和活化的过程中，想象是激起主体情感冲动的主要驱动力。通过想象加深了主体与客体之间的精神联系，使主客体关系更加默契，从而促使审美的产生。

1.2.3 美的存在与价值

1. 美的存在形式

世界上的美无处不在又各有精彩，总的来说可以分为四种存在形式。一是社会美。社会美存在于社会事物、社会生活的审美现象之中，体现出人的情感、理想、意志，主要包括人的心灵美与形象美、人文环境的美、人类生活的美等。二是自然美。自然美是指在审美活动中对人具有特定审美价值的自然物或自然现象。自然美分为原生自然美与人造自然美两大类。自然美是以自然属性为存在基础，它的形式是由多种自然因素组成。自然美的存在形式主要有形体美、色泽美、声律美、运动美等。三是艺术美。艺术美也是美的存在方式之一，是指各类艺术作品所表现出的美。艺术美是艺术创作者对生命意义的一种创造性表达，它体现出人的追求，表现出的人的活力和创造精神。四是形式美。形式美蕴涵于以上三种美之中，其之所以能产生美，是与本身特定的色、声、形等物质条件和这些物质条件的组合关系有关。形式美总是产生于一定的物质基础之上，并按一定规律进行组合呈现。

2. 美的价值二重性

古希腊苏格拉底把美学建立在目的论哲学的基础之上，并从功用性角度考察美的问题，他认为美是必定有用的、是有益和善的。苏格拉底的弟子柏拉图则主张美是理性的，他认为形式美是真正的美，并把形式美的本质导向秩序、比例、和谐。法国的狄德罗依据唯物主义观点，进一步提出了"美在关系"说。"美在关系"指出了美依附于事物的客观性质，事物的性质是美的根源，他主张艺术的美应反映现实生活。我国南朝宋画家宗炳就美的价值提出"畅神"说，认为自由、自觉的"畅神"审美能使主体与审美对象达至水乳交融，进而充分享受审美的愉悦功能。很显然，美是客观存在，而且美具有重要价值。

美的价值体现在审美主体与审美对象之间相互需要的关系，这种相互需要在审美活动中转化为审美关系，即主体与客体对象之间的价值关系。美学价值的本质特征主要表现在两个方面。其一，美学价值是特殊主客体关系的表达。这种特殊的主客体关系在于客体对主体在物质和精神层面的作用是否能让主体产生心理的认同或共鸣。其二，美学价值的重心是人文精神。这主要基于美学学科属于人文学科，美学研究以人为主体。因此，美学价值的研究也是围绕人的一种主体性研究，即把价值特性内容的考察、价值的判断、价值的依据、解决价值问题的出路更多地面向价值关系的主体。

由此可知，美为人所认识又为人服务。美的价值具有二重性，它是实用价值与精神价值的统一体。就景观桥梁来说，桥梁既发挥承载交通、引渡行人的实用价值；其或壮丽或清雅的景观又能给人以审美的精神享受。

1.2.4 审美欣赏及其影响要素

1. 审美活动、审美欣赏与审美判断

审美活动是源于主体的内在需要，与人的感性生命要求相联系的、为达到自己需要满足而进行的活动。因此，审美活动超越了功利性，是一种轻松、享受、感性的情感活动。而审美欣赏则是在审美活动时审美主体对审美对象进行感受、体验、评判和再创造的心理过程。审美欣赏以审美主体的爱好与兴趣为出发点，在对审美对象进行感知、认识和欣赏的活动中，经历了由感性到理性、客观到主观的飞跃过程。审美判断就是审美主体在完成审美欣赏中所具有的特定心理感受和品评过程。

在审美活动中，同样的审美对象可能对于不同的审美主体会产生不同的审美效果。经过对审美实践的总结和归纳，可以得知审美判断有如下特征：

（1）客观性与主观性的统一

首先，审美主体与审美对象均是客观存在的，由此而产生的审美精神活动也是客观真实的。审美活动中审美主体对审美对象形成的审美欣赏也是共同的、普遍的，具有客观性。审美的主观性则是指对于相同的审美对象，由于时间、空间的变化或者主体个性的差异，不同的审美主体会产生不同的主观审美感受。从这点来说，审美又是主观的。比如对于同样一处风景，在审美判断上不同的人在个人主观上会有不同的评价。即使是同一个人，在不同的心境下可能获得的体会也有所不同。

可见，在审美判断中审美主体对审美对象的评判既存在着客观性又存在着主观性，两者统一于对审美对象的欣赏与判断之中。

（2）感性与理性的统一

审美对象不仅有感性的形式，而且具有理性的内在和客观本质规律。审美过程既包括建立在感官体验之上的对审美对象的感性认识，还包括以理性的认识、想象、思维去理解和把握审美对象的本质特征。因此审美判断是感性情感的愉悦与精神上的理解满足的融合，体现了审美活动中审美感性与审美理性的统一。

（3）个体性与社会性的统一

审美主体在社会文化层面和个体精神层面分别体现出社会性与个体性的特征。也就是说，社会群体的审美意识对于个体审美心理的渗透与影响形成审美判断的个体性，同时审美判断的社会性也寄寓于社会成员的个体性之中。审美的社会性与个体性两者既相互构建，又相辅相成。审美判断的个体性受审美主体先天素质和后天的养成影响，而审美主体的社会性则与其所处社会的文明发展程度、技术经济水平及文化承续状况等直接相关。

2. 影响审美欣赏的主要因素

审美欣赏是一个由主观到客观、感性到理性的过程，其间会受到各种因素和条件的影响。影响审美欣赏的主要因素有审美素养、审美距离与审美投入。

（1）审美素养

审美欣赏并不一定必须由客体对象刺激被动产生，也可由主体主动创造，提升获得审美欣赏的频率与强度。审美欣赏的产生与美学素养、主体心态及情绪密切相关。审美欣赏的前提是客体的审美价值与主体需求相符。因此，审美感知的敏锐度与审美价值获取能力是取得丰富的审美欣赏体验的重要驱动力。也就是说，主体如果拥有一双"发现美的眼睛"，则会增加获得审美欣赏情绪的机会。

（2）审美距离

审美距离包括空间距离、时间距离、心理距离。空间距离影响着审美主体对审美对象客观存在形式的感知程度，比如一座景观桥的鸟瞰审美与形体细节审美所需的空间距离大不相同。因此在审美活动中为获得理想的审美体验，选择适宜的空间距离必不可少。时间距离则体现了审美对象随着时间的延伸、历史的发展，其性质和内涵也会随之不断变化。例如埃菲尔铁塔在建成之初备受审美上的批判，但随着时间的演进，它已成为法国巴黎最引以为豪的城市标志。心理距离则是指在审美欣赏中，审美体验是以主体的情感愉悦和心理满足为特征，其超越了日常生活中的功利性审美目的。审美心理学家布洛在1912年于英国心理学杂志第五卷第二期发表的《作为艺术的一个要素与美学原理的"心理距离"》中指出，审美主体与审美客体必须保持适当的心理距离，才能欣赏美和创造美。因此适当的审美距离是通过审美欣赏获得良好审美体验的前提和保证。

（3）审美投入

审美投入是指审美欣赏的主体要以强烈的情感投入为前提，完成对审美对象的欣赏。全身心的审美投入有助于审美主体与审美对象融为一体，产生情感共鸣。主体的审美投入是一个渐进发展的过程，是由表象进入实质、由浅层感知进入深层理解、对审美对象欣赏的不断情感强化的过程。

1.2.5　工程美学、工程审美与美感

由古至今，工程与美学为完整的统一体。建立在公元前 27 世纪以前的古埃及金字塔，它既包含着建筑的壮观宏伟之美，其线、面、体的构成无不凝结着美学之巧思，另一方面它又包含着工程所需要的设计、计算与工程技术。很显然，工程美学是人在进行工程实践中形成的感知和认识，即利用科学技术使工程获得高度的审美价值和艺术价值，同时达到人性化设计。工程美学主要是运用美学的基本原理和规则，探究建筑、结构、公共工程等的设计、施工过程的美学问题，以及这些工程作品与环境相关联的审美问题。研究工程美学要充分认识理论与实践的辩证关系，坚持理论联系实际的思想，并在工程实践中归纳和总结美学实现的原理和方法。

审美是人有意识的生命活动。具体工程的美，作为审美主体的人只有通过具体的审美活动才能感知和欣赏到。由于人既有自然性又有社会性，人的欣赏能力和功利目的性也决定了审美活动的复杂性。就工程美学来说，功利性审美与欣赏性审美共存是其显著的特点。

工程审美与工程美学统一于工程审美活动中所体现的工程美。工程美以美感为基础，不断地在工程改造和加工中提升理性思维，并再创造，实现工程美学功利性审美与欣赏性审美的最佳统一。那什么是美感呢？美感是人在审美过程中对审美对象产生的审美感受、欣赏和体验，是主体人在精神上、情感上所获得的一种愉悦感和满足感。美感的本质是一种自我观照，在审美活动中，主体人所观察到的并不是客观的美本身，而是观照者自己，是人暂时脱离物质本体的束缚后所得到的精神上的自由感。美感以人的自然禀性为基础而产生的心理活动，具有主观性。同时，由于工程审美功利性审美与欣赏性审美共存的特点，也使得工程产生的美感体现出愉悦性与功利性相统一的特点。美感的产生是一个复杂的过程，一般认为是审美主体在审美活动中对审美客体所激起的美的主观感受、认识、理解以及体验的过程。美感的产生是多种心理功能互相作用的结果，既包含了情感上的体验评价，也包含了精神上的满足以及理性的启迪。

1.2.6　桥梁美学与桥梁造型的形式美学法则

1. 桥梁美学的产生与发展

桥梁美学作为一门新兴学科，它属于工程美学的分支学科，同时又深受建筑美学发展思想的影响。德国著名桥梁专家弗里茨·莱昂哈特为桥梁美学学科的建立做出了开创性的贡献。他在对

世界各国桥梁考察并进行美学分析的基础上，建立了桥梁美学理论以及桥梁美学设计准则，进而形成完整的桥梁美学体系。1982年莱昂哈特出版的《桥梁美学与设计》对桥梁美学思想的传播产生了非常重要的影响。1991年，美国全国研究协会所属的运输研究会出版了《环球桥梁美学》一书。这本书集中了24位世界杰出的桥梁工程师与建筑师关于桥梁设计美学方面的经验，标志着现代桥梁美学走向成熟。20世纪90年代，美国桥梁景观学家弗雷德里克·戈特莫勒（Frederick Gottemoeller）则系统定义了桥梁景观设计的内涵，进一步拓宽了桥梁美学的研究领域。进入21世纪后，国际桥梁建筑界涌现出一大批富有个性和美学表现的桥梁创作大师，如西班牙的圣地亚哥·卡拉特拉瓦与英国的扎哈·哈迪德，他们通过自由、多变的结构形式创新使桥梁彰显独特的魅力，极大地推动了桥梁美学的向前发展。

在国际桥梁美学设计新思潮的影响下，中国的景观桥梁设计也要紧跟时代发展的步伐，不断进行创新。习近平总书记在清华建校110周年视察时指出，要发挥美术在服务经济社会发展中的重要作用，把更多美术元素、艺术元素应用到城乡规划建设中，增强城乡审美韵味、文化品位，把美术成果更好地服务于人民群众的高品质生活需求。习主席的殷殷话语为桥梁设计者们指明了桥梁美学创新的方向，我们需要用美学和艺术的理论来武装自己，不断探索和创新"美"的桥梁设计理论及作品，并使之更好地为人民服务。

2. 桥梁造型的形式美学法则

桥梁造型的形式美是桥梁美学的重要内容，形式美的营造应以人的心理感知为核心，同时要注重"型"的情感打造。桥梁的造型必须使形式和精神内涵达到最妥帖的结合，才能让作为审美主体的人产生感动和联想，激发出完美独特的审美体验。由于人在欣赏桥梁时，视点会不断移动，因此桥梁的造型设计要从各个角度和侧面进行全面分析。桥梁造型与周边建筑物的关系处理则要从主从、距离、高低、体量、方位等相关因素着手综合考虑。

为了更好地把握景观桥梁造型美的设计方法，结合与工程美学共通的审美规律，可归纳出如下美学形式营造法则，即协调与统一、主从与重点、对称与均衡、比例与尺度、调和与对比、韵律与节奏六方面法则。

（1）协调与统一

协调与统一，主要指两方面：一是桥梁与桥位处自然环境、生活环境以及周边人工建筑物保持协调统一；二是桥梁自身的造型、功能布局、结构组织等必须取得和谐与秩序中的有机统一。

（2）主从与重点

在由若干要素组成的整体中，每个要素在整体中均占有一定的比重和地位，如果主次不分就会削弱整体的完整统一性。对于景观桥梁，其主体结构与附属结构、主要受力构件与次要受力构件、重点部位与一般部位等均应进行主从差异化考虑。适宜的主从差异设计能使桥梁结构的各构筑要素形成一个完整协调的有机整体。

（3）对称与均衡

对称与均衡是造型美的基本法则之一。对称是同形同量的对称组合，其表现形式统一感好，规律性强，能产生庄严整齐的美感。均衡则是在非对称的构图中，以不等的距离形成力量（体量）的平衡感。均衡寓动于静具有变化的美感，非对称的结构造型更显得轻松、活泼，富有亲切感。

（4）比例与尺度

比例是构成要素各部分之间的匀称性，是形式美的基础。尺度则从人的生理和心理视角为出发点进行结构尺寸的量度。比例与尺度在景观桥梁设计方面需要：① 协调好桥梁结构从整体到细部的三维尺寸关系；② 桥梁结构整体的空间尺度及细部拟定要以人为主体进行适用性和景观性分析；③ 协调好桥梁结构空间的虚实对应、结构体局部的凹凸对比以及桥梁与周边建筑物的高低比例关系等。

（5）调和与对比

若构成结构形式的要素均由同质要素组成，则易产生单调、呆板之感；反之，由过多异质要素组成，则易产生凌乱、不协调感。调和与对比法则以人的视觉感受为依据，通过适度的调和与对比使得结构的形式既富有秩序又有变化，形成协调、灵动的视觉美感。其中，调和法强调近似性，使两种以上的构成要素相互具有共性，形成和谐、统一的视觉效果；而对比法则强调变化，借助构成要素的差异化和对立性，通过要素的互比、互对来取得体量感、虚实感和方向感的表现力。

（6）韵律与节奏

结构的形成要素通过有规律地变化或有秩序重复变化激发出美感。这种以条理性、重复性、连续性为特征的形式布局能产生韵律感、节奏感，给人以美的感受。韵律与节奏可通过要素布置的长度变化、宽窄变化、疏密变化形成，也可通过要素的起伏布置和交错布置加以实现。韵律与节奏的形式美法则通过明显的条理性、重复性加强了结构景观的整体统一性。

桥梁的景观造型利用上述六大形式美法则进行美学判断和优化，可有效保证桥梁结构的形态符合美学要求，营造和谐的桥梁景观。

Chapter 2

第 2 章
景观桥梁美学实现
设计理论

2.1 "四维"设计理论概述

景观桥梁美学实现的设计理论是以"环境协调、建筑文化、结构表现、多元体验"四维美学实现设计思想为基础,以"环境分析、文化提炼、结构赋形、功能验证"景观桥梁"四步造景"为方法,以技术创新为手段,将桥梁设计技术与美学设计思想相结合,打通工程学和美学之间的隔阂,系统实现景观桥梁美学设计的理论。

景观桥梁"四维"设计理论关注重点是"景观桥梁美学怎么实现"的问题。该理论通过"环境、文化、结构、体验"四个维度的分析,帮助创作者准确捕捉与把握景观桥梁与环境、人、技术之间的有机联系,为景观桥梁的审美判断和创作设计提供思想依据与构思源泉。同时,该理论强调景观桥梁在环境、文化、结构和人本体验方面的共生关系,建议将景观桥梁的美学问题、结构问题以及功能问题统一考虑,提出了从景观到结构、从文化到技术的实现方法,并将之与中国文化实践和桥梁技术发展水平相结合,为国内景观桥梁设计发扬中国特色、摆脱"崇洋"思想提供有力的理论支撑和技术方法。

"四维"设计理论并非是建立在形而上学之上的泛泛而谈,而是提供了切实可行的技术路径。该理论主要内容包括环境协调分析理论、文化的提炼和表达方法、结构赋形理论及实现模型、多元体验营造策略等以景观桥美学实现为目标的理论与方法。

2.1.1 "四维"设计理论的产生

景观桥梁是在满足交通使用功能基础上,既具有桥梁个性、富于视觉表现,又与周边环境协调、创造审美与文化价值、给予人多元精神体验的桥梁建筑。

景观桥梁不仅要关注桥梁自身的景观特征和美学要素的组合,还要关注桥梁对于整体环境景观的影响,让桥梁与环境互动、结合形成完整的结合体。因此,景观桥梁的设计不能仅仅关心桥梁本身的构造设计,还要将桥梁对城市、自然环境的影响考虑在内,对桥梁的文化内涵赋予也需要给予充分关注。

由于对景观桥梁社会需求的日益增长及其设计的特殊性,东南大学景观桥梁创作设计团队于2000年开始针对景观桥梁设计进行相关探索与研究。团队依托东南大学交通运输工程、建筑学、土木工程、艺术学理论等优势学科的雄厚专业根基,荟萃了桥梁、建筑、风景园林、交通规划等各学科的众多高层次专业人才。凭借顶尖交叉学科支持与多专业精英人才的优势,具有"东大"特色的景观桥梁设计理论得以逐步形成。

同时，景观桥梁设计理论也要与时俱进，不断创新，以满足使用者和观赏者的心理需求。"环境、桥梁、城市、人"——新时代人文视野所关注的关键元素在艺术美学、结构技术、文化心理等层面上的不断交叉、融合，也催生了"四维"设计理论的诞生。

2.1.2 "四维"设计理论的内涵

"四维"设计理论基于"环境协调、建筑文化、结构表现、多元体验"四个维度对景观桥梁进行创新设计。该设计理论与"以人为中心"的发展思想保持一致，与"生态文明建设""美丽中国""文化强国"等国家战略构想相契合，是团队响应国家号召、着力探索和研究景观桥梁设计理论所收获的阶段性成果。

"环境协调"是指注重桥梁与周边自然环境的整体协调设计，"建筑文化"强调的是桥梁时代特征和文化属性的彰显，"结构表现"突出桥梁结构作为景观桥梁设计的审美客体地位，"多元体验"则是要求以审美主体"人"为设计的关注重点，提高桥梁使用者的安全度、舒适度和快乐度。

"四维"设计理论以桥梁、建筑、艺术、历史等诸多学科的交叉为基础，聚焦结构形式与文化创意的融合，形成桥梁结构形态多元化与建筑复合美的外部表现。这一新型设计理论更强调人、桥、文化、环境的互动与协调。

"四维"设计理论关注的核心是人，本质在于创新。该理论的实质是以景观设计哲学为工具调和桥梁与城市、环境之间的隔离与冲突，最根本的目的是为大众创造美好的生活。

"四维"设计理论要求桥梁创作者充分理解拟建桥梁的功能需求，对桥梁所处环境条件进行详细分析，努力挖掘桥位区丰富的文化资源，并对该区地域文脉、地域肌理、地域风貌要有清晰的把握。以此为基础，结合桥梁造景实现方法进行结构技术及结构形态之上的创新。其创作精髓在于构建自然、文化、建筑与人四者之间的对话，使桥梁在美学上形成集"结构之美、环境之美、文化之美、体验之美"为一体的综合美展现，最终实现人、桥、文化与环境的和谐、统一。"四维"设计理念的内涵。

"四维"设计理念的内涵见图 2-1 和表 2-1 所示。

图 2-1 "四维"设计理论的内涵

表 2-1 "四维"设计理念的内涵

四维理念	理论内涵
环境协调	通过桥与环境的互动、结合，打造完整、有机的景观，体现桥与环境的完美"和鸣"
建筑文化	用现代建筑理念和技术展现文化元素，使桥梁具有地域性、独特性、文化性，展现桥梁的精神内核
结构表现	通过对结构形式和材料的创新应用，使结构形态达到力学逻辑与艺术审美的融合与平衡
多元体验	搭建人、桥、环境的多向沟通渠道，形成感知、交互、情感的多元体验，构建立体、有味的桥梁印象

2.2 环境协调理论

2.2.1 环境协调理论概述

1. 景观桥梁与环境关系的处理原则

随着城镇化战略的推进，城市更新计划不断深入，城镇的环境氛围和空间品质越来越受到人们的重视，人们对景观环境的审美要求在不断提高。从城市环境和自然环境中的城市公园、街旁绿地和特色风景名胜区等城市景观中，可以发现人们对所处生活环境中美的需求在不断增加，景观环境内的景观桥梁数量也出现了大幅攀升。在这种背景下，环境中桥梁景观价值的完美体现就显得尤为重要。

桥梁总是处于一定的环境之中，桥与周边的环境不可避免地存在相互作用和影响，因此景观桥梁设计不仅要关注桥梁本身的景观要素设计，还要着眼于桥梁与周边环境的关系，让桥与环境互动、结合形成一个完整的"格式塔"。所谓"格式塔"是阿恩海姆审美心理学的概念，它强调环境景观的整体性和有机性，体现完整意义上的视觉平衡和心理平衡。这种环境景观"格式塔"实现的关键是把握好桥梁与环境的关系，达成桥与环境的"和鸣"。

桥梁一方面要与环境构成具有整体意义的景观，另一方面也需要在环境中彰显独特的辨识度。这首先要求桥梁的轮廓形态要有宏伟的构思和活跃的想象力，同时与环境的空间结合要有正确的体量与尺度，与周边的建筑物形成结构情绪的韵律表达。桥梁结构的形体要高雅且富于多样性，其形体的几何元素组成要与周边的环境肌理和谐、统一。桥梁具有景观辨识度，且与周围环境之间又不乏协调之感，并能给人带来高层次的精神愉悦感，方可以称之为"美"的桥梁。总之，桥梁环境景观协调设计以桥梁为主体，以环境整体景观为对象，让景观设计成为美化桥梁主体及周边环境的手段。

桥梁在环境中的景观表现方法，依据桥梁所处自然环境条件和功能要求的不同，通常采用三种表现手法。其一是"隐"的手法。该方法以保持原有自然和社会环境景观为主，将桥梁建筑对原环境的影响减小到最小程度，即尽可能做到藏桥于景中，此手法多用于山区或风景区的小跨径桥梁。其二是"融"的手法。此法是指有效地利用自然和社会环境条件，使桥梁成为一个新的环境要素，组合于周围总体景观和环境的画面中，也就是说桥梁在具备自身功能美的同时，还要以其特有的艺术美，融合于桥位与景观中，相互"依从"，相互"呼应"，彼此增景添色。其三是"显"的手法。这是一种突出桥梁建筑，使其成为景观主题的手法。桥梁为原本平淡无奇的环境景色突增雄伟壮观之感，使其成为瞩目的景观中心，产生地标性作用和效果，给人们难以忘怀的印象。一些城市跨河越江的大桥或特大桥属于此类。

桥梁与环境人文景观的协调设计可以结合建筑文化理论，通过对各类文化蕴含的生态审美智慧的挖掘和表现，塑造具有文化审美情趣的桥梁建筑。桥梁与自然环境景观的协调设计则可以借鉴自然山川形势与自然万物姿彩，打造桥梁建筑的生命情调之美、生态和谐之美、生活意蕴之美。

2. 景观桥梁的个性设计与共性设计

景观桥梁的个性设计要求桥梁结合桥位处环境条件，以环境为背景、以桥为主体，采用"显"的方式，借助设计风格鲜明的视觉表现形式，突出桥梁结构的跨越感或美学意象。比如斜拉桥、悬索桥以及大跨度的梁桥、拱桥在环境中往往是凝聚视线的核心要素，其个性相对明显；另外，具有独特建筑风格的桥梁也极易吸引人的眼球。景观桥梁的个性设计关键是要平衡好桥梁形态要素与桥位环境的关系，达成桥与环境的呼应与协调。

景观桥梁的共性设计则要求设计以城市文化脉络、地域自然肌理为基础，创意与环境特色相协调的桥梁作品。桥与环境的共性设计往往以"融"或"隐"的方式进行表达。共性设计的思路是将桥梁与环境作为一个有机的统一整体加以考虑。桥梁的总体设计需要与桥位区的自然环境肌理、城市建筑风貌、地域文脉特征相一致、协调，以此打造设计风格与环境、地域相契合的桥梁作品。

无论是个性设计还是共性设计，都应以对环境条件的精确理解为前提。桥梁与环境的协调在总体构思上要以桥梁沿线区域的人文环境、自然环境、建筑环境为背景，综合考虑桥梁空间与周边水域空间、绿地空间、山林空间等的沟通、融合关系；以时间为轴线，分析建筑对历史时间的传承与延续，考察其在不同季节和昼夜时序下的景观效果，从而实现时间、空间、环境三元素在整体景观设计中的交织与融合。

3. 景观桥梁在环境时空序列中的协调性表达

环境是时间与空间的综合表达，景观桥梁的设计一定要重视对包括人文环境、自然环境和建筑环境在内的环境肌理的梳理，使景观桥梁的表现形式能够体现与环境的协调、呼应，必要时还要结合远景规划，做到前瞻性设计。

桥梁在时间序列中重点关注建筑对于城市文化的溯源，分析其在过去、现在、未来不同时空文化环境中表现形式的发展和变迁；分析建筑形体在四季、昼夜不同环境时序下的景观效果营造。桥梁在空间序列中则要注意厘清围绕桥梁分布的各种环境空间的形态、功能与景观特征等。桥梁与周边环境空间的沟通、不同空间视点的桥梁景观效果等都是景观桥梁在环境协调设计中应该关注的重要内容。环境与时空的综合表达需考虑的主要因素见图2-2。

图 2-2 环境是时间与空间的综合表达

2.2.2 环境协调理论实现方法

环境协调在景观桥梁设计的实际工作中，是一个需重点考虑的问题。但是因为环境景观协调性的判断存在较多的主观性，在实际的工程实践中，很难把握环境协调的思考方向和判断标准。因此环境协调理论的实现，需要一种切实可行的设计方法提供技术支撑，使设计者可以便捷、准确地把握桥梁与环境之间的关系。

经过团队多年的项目实践和研究，环境协调理论实现方法逐渐成形并系统化。该实现方法主要包括以下内容：

（1）环境体积平衡分析方法；
（2）环境轮廓连续设计方法；
（3）环境空间融合设计方法；
（4）环境风格协调设计方法。

1. 环境体积平衡分析方法

平衡是一种均衡、稳定、有序的状态，是自然界重要的规律之一，也是少数能使工程学和美学达成共识的审美逻辑之一。

视觉平衡是图形学中重要的审美概念，也是景观桥环境协调理论中非常重要的设计理念之一。

视觉平衡是在以视觉中心为支点的、在视觉场中形成的平衡，均匀、对称、比例协调是实现视觉平衡的关键。如图 2-3 所示。

在视觉场中，复杂的比简单的重、大块的比小块的重、深色的比浅色的重、艳丽的比淡雅的重、紧凑的比松散的重、上面的比下面的重、两边的比中间的重。因此图形的繁简程度、体块大小、色彩、密度、高低位置是分析视觉场的要素。

桥梁是建立在三维空间中的立体形象，因此与二维的图形相比，它是一个在三维空间接受多方位、多角度视觉感知的客体。

在建设环境中，桥梁的视觉体积会填补环境体积的空隙，当空隙大的时候可以增加桥梁的视觉体积，当空隙拥挤的时候则会缩小或淡化桥梁的视觉体积。

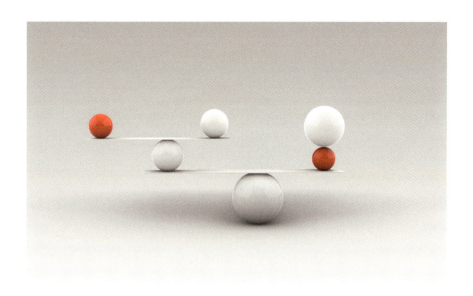

图 2-3 视觉平衡示意图

因此，以景观桥环境协调理论和视觉平衡理论为基础，团队提出了着眼于景观桥与环境协调关系处理的环境体积平衡分析方法。

该方法将环境看作是一个三维立体的视觉体积场，环境中的山川、河流、建筑形成了一个已知的体积场，那么处于该体积场中的桥梁将会在这个场中形成新的体积。如果这个新的体积给已知体积场带来新的平衡，则认为该桥梁的形态具有审美上的正向作用，反之则是不利于环境协调的负向作用。因为这种平衡能够带来环境审美上的愉悦感和协调感，所以环境体积平衡是环境协调实现的重要目标之一。环境体积平衡分析方法主要由环境现状体积场分析、视觉中心分析、体积平衡分析等步骤组成。

（1）环境现状体积场分析

人眼在环境中进行观景的时候会始终活动，人视觉的注意力很容易被区域中的物质元素视觉重力所吸引。环境场中的物质元素主要通过其体积来产生力量感，物质元素的密度、材料、质地等也会在其中发挥作用。景观桥梁的环境现状体积场主要由桥梁、楼厦、山体、树木、河流、草地以及其他城市设施等场地元素组成。环境现状体积场分析通过主动协调桥梁与环境地物的关系，将场地元素以秩序为原则进行组织布局，从而产生协调之美。

环境现状体积场分析首先对建设场地的地理和体积环境进行分析，分析范围为项目所处位置视觉上所能影响的主要范围；再将环境中的重要地形地貌、建筑物、色彩等要素进行归纳、建模，形成项目影响范围区域的环境现状体积场模型。

以北京冬奥会张家口赛区冰雪五环桥设计为例，桥位现场位于一处山谷内。首先对场地环境的体积场进行平衡分析，建立场地地形环境模型，根据分析可以得到现状场地的视觉平衡点和环境特征。（图 2-4）

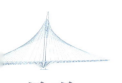

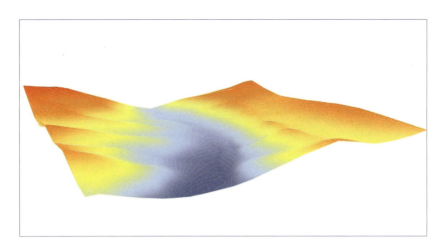

图 2-4　北京冬奥会冰雪五环桥环境现状体积场环境模型

（2）环境视觉中心分析

不论是视觉平衡理论，还是体积平衡法，都需要一个视觉中心点作为分析对象。在景观桥设计中，首先要确定桥梁在环境中的目标定位。如果该景观桥是作为场地中的标志性建筑物来打造，那么无疑，设计师应将此桥作为体积场视觉中心点来分析。

而在很多情况下，桥梁只是作为环境场中的一个连接部或者一般组成部分来建设，那么这个视觉中心有可能不是景观桥本身，而是场景中的某个建筑物或是一组建筑物的集合。在这种情况下，则以该建筑物或建筑物组为体积场视觉中心进行分析。

以北京冬奥会张家口赛区冰雪五环桥设计为例，由于环境中没有标志性建筑物，而桥梁作为进出张家口冬奥村的门户，需要发挥较强的标志作用，因此桥位处（图 2-5 黄圈位置）将作为场地中的视觉焦点来打造。根据分析，环境场地内的平衡点（图 2-5 红圈位置）位于桥位的西北方。

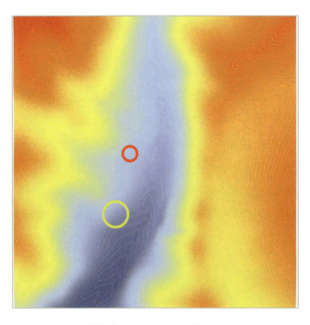

图 2-5　北京冬奥会冰雪五环桥环境现状体积场分析图

（3）环境体积平衡分析

根据环境的体积场分布建立体积场分析模型，拟定视觉中心，分析视觉中心与新建桥梁的关系。若视觉中心在体积场中是处于强势地位，或周围的体积场较强，或新建桥梁的设计目标倾向于融入环境，则平衡目标倾向于弱化新建桥梁体积；若视觉中心处于体积场的弱势地位，或新建桥梁的设计目标趋向于标志性，则平衡目标倾向于强化新建桥梁体积。

体积平衡的目标确立以后，便可以根据拟定的视觉中心，进行体积平衡分析。桥梁的体积在新的体积平衡目标下，应使体积平衡点向视觉中心点移动。

体积平衡系数可以表达为：

$$P_1 = \sum_{k=1}^{n} t_k(x_k, y_k, v_k)$$

$$P_2 = P_1 + t_b(x_b, y_b, v_b)$$

式中：P_1 为环境视觉场体积平衡系数，P_2 为桥梁加入环境中后的视觉场体积平衡系数，$|P_i|$ 的值越小则说明环境视觉场越平衡；n 为环境视觉场中的视觉因素数量；$t_k(x_k, y_k, v_k)$ 为视觉场中第 k 个视觉因素相对视觉中心的体积引力，与其体积、形状和颜色相关；(x_k, y_k) 为第 k 个视觉因素以视觉中心点为原点的相对坐标，v_k 为第 k 个视觉因素的体积系数；$t_b(x_b, y_b, v_b)$ 为景观桥相对视觉中心的体积引力，(x_b, y_b) 为景观桥以视觉中心点为原点的相对坐标，v_b 为景观桥的体积系数。

若桥梁加入环境中后，环境体积更趋于平衡，则 P_1、P_2 关系满足下式：

$$|P_2| - |P_1| \leq 0$$

以北京冬奥会张家口赛区冰雪五环桥设计为例，项目环境特征是起伏的山峦和谷底，而桥梁所处位置正好是一处谷底的低点，在视觉上有逐渐下沉的趋势，与两侧的山地形成视觉体积场上的对比。因此，一方面需要通过自身来平衡环境中的体积场，另一方面需要突出自身在环境中形象，将视觉焦点往冬奥村方向引导。（图2-6）

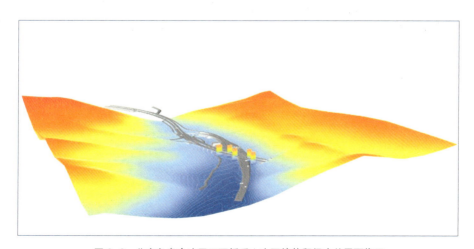

图 2-6　北京冬奥会冰雪五环桥重心在环境体积场中的平面位置

桥梁以多个桥塔交错布置沿着山谷地形展开,与两侧高山的走势形成体积上的对比关系。在视觉上以桥梁为中心,与两侧的山峦形成平衡,并且使体积中心具有向视觉中心移动的趋势,从而达到环境视觉上的体积平衡。另外,桥梁突出耸立的桥塔视觉形象也可以加强桥梁在场地中的视觉体量,从而将体积平衡点向有利的方向偏移。桥梁的环境协调分析过程见图 2-7,桥梁建成后与环境的关系见图 2-8。

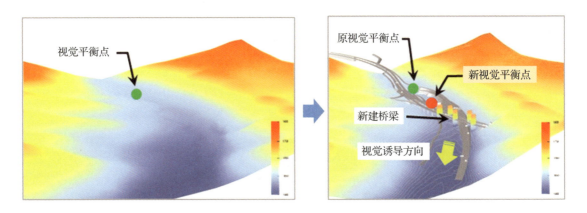

图 2-7　北京冬奥会冰雪五环桥环境协调分析过程

图 2-8　北京冬奥会冰雪五环桥建成后与环境的关系

环境体积平衡分析方法是景观桥梁设计中实现桥梁与环境协调的重要方法之一，通过对环境特征的分析以及景观桥梁建设目标和重要性的确立，判断桥梁在环境中合适的体量、尺度以及形象特征。

环境体积平衡分析是景观桥梁设计前期应进行的工作，其目的是通过一套具有逻辑性的分析方法，为开展下一步设计工作提供一个明确的方向，并作出趋势性的判断。该方法的提出，为解决景观桥梁设计中经常遇到的环境协调问题，提供了一种行之有效的分析方法，为景观桥梁选型问题的解决提供了新思路。

2. 环境轮廓连续设计方法

桥梁不可能独立于环境而存在，环境轮廓连续设计方法可以更好地协调桥梁与环境之间的衔接关系。

桥梁是道路的延伸，是城市的拓展，是大地的生长。因此桥梁不可避免地与道路、城市、大地天际线产生联系，桥梁的轮廓线也不可避免地与这些环境要素发生有机连接。

在景观桥梁设计中，桥梁轮廓线条与环境连接是否顺畅、和谐，决定了桥梁与环境的协调关系。

（1）边线连续平顺

桥梁边线是道路边线的延伸，但是边线的连续性往往被桥墩、塔柱、拱肋等结构构件打断，或者因为主引桥结构形式的变化而中断。边线的连续、平顺是体现整体流畅度和协调性的重要指标，因此需要特别重视桥梁边线的设计处理。

（2）轮廓有始有终

桥梁轮廓起始于大地，终止于大地。在纵向处理上，应与大地的轮廓有顺畅的衔接。如果轮廓线终止于半空，则会形成与环境的不协调感。拱、墩、塔类的结构构筑物应与场地环境、大地、城市天际线形成和谐的轮廓关系。

（3）案例分析

深圳大沙河桥位于南山区龙珠片区，所跨越的大沙河经2020年环境整治后，水环境和人居环境均得到改善，现已成为深圳新的生态绿廊和市民休闲游玩的场所。桥梁东北侧邻近规划建设中的市民文化中心，根据环境体积分析将作为未来场地中的视觉焦点，桥梁处于从属地位，因此桥梁宜选择纤细柔和的线条与环境自然相融合。

根据环境轮廓连续设计方法，桥梁结构采用柔和的系杆拱造型，与身后的市民广场和远处的山峦形成视觉上的连续感。同时，拱脚处采用雕塑化的"水滴"造型，将拱肋与大地之间形成自然衔接和过渡，让桥梁与环境完美融合，处理方案如图2-9所示。桥上、桥下空间通过结合地形布置的拱脚踏步巧妙衔接在一起。

3. 环境空间融合设计方法

随着景观桥梁的发展，桥梁功能也在向着多元化发展。上下桥坡道、观景平台、拓展空间等功能空间也在不断发展。而这些复合空间也是城市公共空间的有机组成，需要与城市空间有机结合。

环境空间融合设计方法是实现景观桥梁环境协调的重要一环，需要同时兼顾视觉上与功能上的协调。该方法基于人本主义设计思想，将使用空间和环境空间作为整体考虑，使桥与环境形成共景关系。

图 2-9　深圳大沙河桥与大地融为一体

（1）桥上空间与环境的融合

在景观桥设计中，桥上空间得到进一步发展。这种空间上的拓展极大提升了桥梁的功能和体验。桥上空间与环境之间的融合能够更好地提升这一作用。

桥上设置观景空间使之与环境形成互动的协调关系。桥上观景空间利于欣赏环境中的风景，且视觉通透性更好。通过绿化、建筑等设施上桥能使桥梁与环境之间的视觉及空间关系更加和谐；通过下沉、亲水等空间营造，可促进桥上空间与环境空间的沟通融合。桥上观景空间的设计案例见图 2-10 和图 2-11。

图2-10 西宁滨河西路桥的下承式观景台

图2-11 深圳前海7号桥桥面观景空间

（2）桥下空间与环境的融合

景观桥梁往往坐落在环境优美、空间复杂、行人众多的河道、城市公园中心等区域。桥下空间作为桥梁复合空间的组成部分，需要与城市、公园以及滨河绿地等环境空间进行有机融合。

桥下空间应与桥两侧的环境空间顺畅衔接、平顺过渡，充分发挥桥梁形态与桥周环境的特点，形成整体协调的新环境景观，营造舒适便捷的空间功能。

（3）案例分析

在深圳前海6号桥设计中，充分考虑了桥下空间的融合，利用桥下空间打造了一个儿童活动公园，并与滨河绿道、桥梁坡道形成平顺自然的衔接过渡。利用桥下空间的遮阳、通风等环境特征，营造舒适的活动场所。桥梁结构在设计时，充分考虑了桥下空间的使用与融合。桥梁下部采用空间曲面造型，两幅桥间设置透光圆孔，营造出功能丰富、景色优美的桥下环境空间。深圳前海6号桥的桥下活动空间已经成为前海滨河公园中广受市民喜爱的活动场所和网红打卡地。建成实景见图2-12。

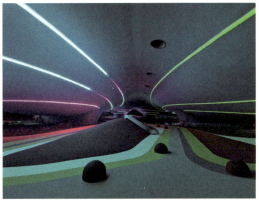

图2-12 深圳前海6号桥的桥下空间

4. 风格协调设计方法

桥梁是大地环境或城市环境中重要的组成部分，景观桥梁的建筑风格需与环境风格相协调，才能保证在不破坏整体环境风貌的基础上，提升环境景观品质，营造有益的桥梁风景。

（1）自然环境风貌的协调

景观桥梁的建筑风格依据不同的结构形式和设计手法，呈现出不同的形象风格。在环境中，建筑风格与环境协调能够提升环境景观的整体效果。

当自然环境在环境特征中占主导时，设计应重点考虑景观桥梁风格与环境风格的一致性。如在西宁北川滨河西路桥项目中，桥梁以山水自然形态为主题，采用流畅的曲线，与环境中山峦层叠的自然风格相呼应，形成协调的视觉体验，如图2-13所示。

图2-13 西宁北川滨河西路桥

（2）城市文化风貌的协调

景观桥梁在城市中，宜与城市文化风貌形成协调关系，但并非指简单地重复和模仿城市已有的建筑。在扬州观潮路大桥项目中，桥梁跨越世界文化遗产京杭大运河的扬州古航道段。桥梁采用上承式拱桥造型与京杭大运河的文化风貌相适应，同时结构上又采用了具有现代感的雕塑化混凝土处理技术，使桥梁具有一定的时代气息，从而达到既实现文化协调又能体现时代变迁的设计目的。（图2-14）

图2-14 扬州观潮路大桥

（3）建筑风格的协调

在城市历史风貌区，为了保持与历史建筑风格上的协调，桥梁常选用能体现城市历史文化特征的建筑风格。在广州人民桥历史文化提升工程项目中，桥梁紧邻广州市历史文化街区沙面街区，该区以欧洲古典建筑元素为主要环境特征。因此，改造方案采用具有欧洲建筑特征的柱廊和塔楼，桥梁建筑风格同时与广州骑楼特色城市街道风格保持统一协调。改造后的效果见图2-15所示。桥梁建成后受到当地市民的认同和喜爱。

图2-15 广州人民桥改造后实景

2.3 建筑文化理论

2.3.1 文化的定义、内容与作用

1. 文化的定义

何谓文化？"文化"一词出于《易经》的《贲卦·彖辞》："刚柔交错，天文也；文明以止，人文也。观乎天文，以察时变；观乎人文，以化成天下。"这里的"文"是指一切现象或形象。"天文"是指自然现象，"人文"是指自然现象经过人的认识、点化、改造、重组的活动。"观乎人文，以化成天下"意思是说通过观察天地运行的规律，以认知时节的变化；通过注重伦理道德，使人们的行为合乎文明礼仪。这句话也可简约概括为"人文化成"，也即"文化"一词本源之义。"文化"也揭示人类各种礼仪制度、风俗习惯、精神思想等形成于人对自然或自然秩序创造性的认识、点化和改造、重组等的行为活动。例如古时"春祠夏礿秋尝冬蒸"的国家四季祭祀礼仪就是人在自然中获取食物的过程中逐渐形成的。

文化是由于人类需要共同生活才创造出来的。文化涵盖了人类从过去到未来的历史，包含了人类以自然为基础的所有活动内容，反映了人类所有物质表象与精神内在的整体。

2. 文化的内容

从人类文化的具体内容上来看，文化内容包括人类一定族群的历史、风俗、礼仪、生活习惯、宗教、艺术、伦理、法律制度以及价值观、审美观、信仰图腾等等。因此文化具有多样性和复杂性，其内涵分类也很难给出明确、清晰的标准。从文化构成来看，苏联著名社会学家马林诺夫斯基将文化结构由表及里分解为物质层面、组织层面和精神层面。

物质文化层面包含了人类的物质生产活动方式和产品的总和，具有物质性、基础性和时代性的特征。社会组织文化集中体现为制度文化，反映了个人与他人、个体与群体之间的关系，是人类在社会实践中建立的规范自身行为和调节相互关系的准则，具有权威性、缓慢变迁性和相对独立性的特征。深层次的精神文化则包括行为文化、心理文化、艺术文化等，反映了人类在社会实践和意识活动中长期育化出来的价值观念、思维方式、道德情操、审美情趣、宗教情感、民族性格等。精神文化是文化的核心，也是文化的精华部分。

3. 文化的作用

（1）文化可以铸牢族群共同体意识

文化能够高效协调群体成员的行动从而形成牢固的共同体意识。文化就如信息素在蚁群系统中发挥的重要作用一样，可以让各具自我意识的群体成员形成统一的思想，从而形成族群共谋发展的精神动力。文化是群体成员之间沟通的中介，如果他们具有共同认同的文化，那么他们就能够有效沟通，消除隔阂，形成合作共同体。

（2）文化有利于社会正能量意识和价值观的传播，推动形成良好的社会秩序

文化具有导向功能。通过文化的共享与传播，可以引导人们以正确的价值观选择适宜的行为，

同时引起积极的正向回应，从而利于社会正能量意识和价值观的传递。文化是人们以往共同生活经验的积累，是人们通过比较和选择认为是合理并被普遍接受的东西。通过正能量文化意识和价值观的引导与传播，将促使以该价值观或文化意识为基础的行为规范获得认可并被遵循，也就意味着与之相符的社会秩序的形成。因此，积极、优秀、正能量的文化将有助于形成良好的社会秩序。

（3）文化的自信也是民族的自信

中国文化是中华民族在长期历史发展中形成的，是整个民族智慧和创造力的结晶。数千年来，中国文化惠及历代炎黄子孙，也对世界文化产生了积极影响。起源于西汉的丝绸之路，有力地促进了东西方的文化交流，也使得中国文化在国际社会中产生了广泛而深远的影响力。文化作为一种精神力量，能够在人们认识世界、改造世界的过程中转化为物质力量，对社会发展产生深刻的影响。文化的力量不但表现在个人的成长历程中，而且表现在民族和国家的历史中。人类社会发展的历史证明，光辉灿烂的文化能使一个民族在物质上和精神上都能获得富足，从而使得整个民族能以自尊、自信、自强的姿态屹立于世界民族之林。

（4）文化有助于实现人与自然的和谐相处

人类在认识自然、改造自然的过程中，同时实现了对自我的认识和改造。文化就是人在与自然的相互依存、相互渗透的过程中逐渐形成的。文化与自然之间的关系是辩证统一的。自然为文化的产生和发展提供物质条件，人类的文化也对自然发挥着重大影响。一方面人对自然的重组和改造缔造出富含文化属性的"人化自然"，体现自然与文化的协调；另一方面文化的发展与演进也必须与自然环境相适应，以维护自然的平衡性和可持续性。目前所倡导的生态文化就彰显了人与自然的和谐统一。

人类理应借由对文化审慎的反思，不断发展完善文化创造的方式与内容，并理性调整人类自身与自然的关系，从源头解决各种自然环境问题。总之，文化是实现人与自然和谐的最佳途径，它可以让人与自然的关系变得更加稳定、和谐。

（5）文化有助于破解城市同质化难题

文化是城市独特的印记，更是城市的精髓和灵魂。文化承载着城市的历史，展示城市的风貌，也体现着城市的品格和精神。文化是一个城市魅力的集中展示。文化让城市有了温度，让城市生活更加具有内涵，也使得城市居民对城市产生归属感和认同感。城市形象的塑造不仅仅体现在城市良好的经济发展上，其深厚的文化底蕴和文化魅力更是体现城市辨识度的关键所在。文化将彰显出城市独有的特色与风貌，从而成为破解"千城一面"城市同质化问题的最有效方法。

2.3.2 建筑文化理论概述

生活在城市中的现代人群，与环绕其间的城市设施紧密相处，这些设施高效的功能与精美的外观更能给其留下深刻的印象。同样道理，对于景观桥梁来说，便捷的功能、优美的结构形态、丰富的文化内涵都能成为城市人眼中最佳的观赏之物。因此，富含正能量文化的桥梁建筑能让大众在欣赏与审美之中获得潜移默化的涵养与教育。

作为与人密切相关的生活工具，桥梁不仅是承载交通车辆的构筑物，更是人类道德情感与文化精神的载体。如果桥梁缺乏文化内涵，则说明设计者没有站在桥梁使用者的角度进行充分思考，因为每一个桥梁使用者都希望从与之相伴的桥梁中获得情感的交流。建筑文化理论的初衷就是要赋予桥梁以积极的文化意义，体现中华文化自信，让使用者可以从中体会中华文化的厚重与温情。

1. 桥梁与文化的关系

中国的桥梁自古有之，其始创于夏周，兴盛于唐宋。如今，遍布在中华大地上的桥梁，编织成四通八达的交通网络，不仅实现了我国四面八方的地域连接，也实现了分散于祖国各地民众的文化情感沟通。桥梁凝固着悠久的历史文化，蕴含着丰富的文化渊源，桥梁的建筑设计也能反映出不同时代的人文理念以及文化情感。

时光与岁月的变迁、更替完成了各地域民族风情、宗教信仰、审美情趣等文化的沉淀。桥梁建设自古便与文化相伴而生，发挥着传承历史和文明的重要作用。桥梁本身承载着所处时代的文化背景，人们利用自然资源和人类智慧修建桥梁，并赋予其人文涵义和精神象征。

在当代，桥梁文化则体现了实用性、标志性和审美性的统一。桥梁与人类生活密不可分的关系，更促使桥梁设计者研究、溯源桥梁文化，在桥梁创作中努力发掘文化的价值，寻找力与美的结合点。桥梁建设与地域特色文化的结合，使桥梁更富于文化内涵。拓展桥梁的景观功能，有助于实现桥梁的人文之美，也使我国的优秀文化得以继承和发展。

桥梁的文化内涵赋予应以充分发掘桥梁所处的地域文化为前提。地域文化可以是一定区域内长期形成的历史事迹、文化形态、生产方式、社会习俗、建筑风格以及思维模式等，也可以是自然景观和自然资源。更具鲜明地域文化特色的桥梁，可以使桥梁建筑与人、自然和地域上的人文历史相互交融，形成地域内自然、人文与建筑的文化连续性，有助于打造区域内新的文化地标。

2. 景观桥梁建筑文化理论构思路径

随着城市建设的持续发展与更新，桥梁单一的交通功能已经不能满足人们对美好生活的追求，桥梁功能的多元化已成为共识，同时桥梁在文化语境下的美学表现也备受关注。建筑文化创新设计理论关注中华传统文化和现代文明的和谐共生，注重营造具有人文氛围的宜居空间，利用诸多文创措施和设计手段打造具有文化感染力的桥梁作品，以桥梁为平台构建丰富的文化触点，让人们通过桥梁与文化形成更多的互动。

建筑文化理论的设计表现不是将文化元素进行简单堆砌，而是通过对各类文化的深入理解，将现代元素和文化元素融合在一起，以现代审美需求来打造富有文化韵味的建筑形式，让各类优秀文化的精神内涵焕发出新的神采。

其构思路径如下：

（1）注重桥位区人文环境及文脉特征的梳理，实现桥梁与文化的对话；

（2）强调桥梁形态与空间组织对城市文化和人文意境的再现与表达；

（3）重视对场地内文化元素的符号化、抽象化，实现文化元素的提取与转换；

（4）利用桥梁的文化表现实现对桥位人文环境空间的更新，让桥梁与所处环境的文化氛围相融，营造桥梁与环境协调呼应的特色文化空间。

3. 景观桥梁建筑文化表达的方法与作用

桥梁作为一种以跨越交通障碍为目的的公共构筑物，由于其体量比较大，空间存续时间比较长，且与人的关系密切，因此逐渐演变成为承载历史与文化变迁的标识物。赋予桥梁建筑浓郁的文化风格，有利于塑造桥梁所属地域独特的文化个性，可以增强项目区居民的文化归属感。

桥梁作为文化记忆的载体，其设计思想应该更加多元和包容，应将当代城市、乡村中所缺失的风俗、传统和历史文化记忆融入桥梁建筑之中，让桥梁具有鲜明的文化特色，体现时代风貌和地域文化特征。

景观桥梁的建筑文化表达可采用以下方式：

（1）将文化元素融入桥梁的造型设计之中，利用建筑语言弘扬积极、先进的中国文化，增强文化认同，突出文化自信，积极探索、创造与中国新时代发展理念相适应的中国新文化形式。

（2）将桥梁作为传播城市文化精神的重要单元，利用桥梁蕴含的丰富文化内涵彰显城市文化特色，突出城市个性，打破"千城一面"的同质化城市弊病，提升城市文化软实力，增强城市竞争力和影响力。

（3）借助桥梁的特色文化内涵唤起民众对城市悠久文化历史的回忆，使人与城产生"共情"与"共鸣"，打造美丽"乡愁"，激发城乡居民内心深处的家国情怀，提升群众的归属感、幸福感和获得感。

（4）桥梁布局与功能设计采用"文化+"理念，将文化与创新、时尚、科技相结合，凸显方案"智慧、活力"特质，以 AI 技术、新材料、新工艺等高新技术为依托让桥梁与人形成更加多元的文创互动，创造更丰富多彩的使用体验。

2.3.3 建筑文化理论的实现方法

景观作为区域的景象，表达了人们的视觉审美，承载了一个区域的特色和个性。桥梁应赋予时代性，使它能够展示城市的精神。建筑文化理论实现的实质就是让桥梁与区域文化自然相融。有了文化，桥梁就有了灵魂，便建立起自身独有的精神状态，也就有了生命。因此，在桥梁景观设计时，要让桥梁景观与区域特色文化协同，参照桥周的空间元素、人文因素与地理因素形成桥梁在空间上的特色定位系统，使桥梁景观形成区域特征，最终达成桥梁景观的地域性表现。文化提炼是建筑文化理论在桥梁美学实现上最直观、有效的方法。通过文化提炼，可以让桥梁具有更鲜明的文化特色，促使桥梁与人、自然和地域的历史文化完美交融，并有助于在不同尺度的地域内建立起桥梁与自然、人文历史的文化连续，打造区域新文化地标。

1. 文化提炼方法的三大原则

（1）去繁就简原则

在桥梁景观的文化表达上，文化元素的提炼宜去繁就简。桥梁工程是大体量的结构工程，在整体景观意向上的文化元素表达不宜过繁。一方面细节元素适合近距离观察，不适用大体量的结构景观；另一方面，过繁的结构造型不易加工建造，也易引起审美疲劳。细节文化元素可在小体量构件如栏杆、路灯、铺装等附属构件上进行表达。

去繁就简要求以文化元素的充分挖掘为基础，对元素的特征进行抽象化处理，提炼出既具有文化特征又能够与结构形成对应关系的线条，通过结构的体系化设计使文化元素和桥梁结构形成呼应与关联，最终完成景观桥梁文化表达之上的美学实现目标。

以贵州铜仁大桥设计为例，建设方要求表现山茶花和箫笛文化元素。在该桥方案设计中对文化元素的特征进行了提炼和抽象化处理。（图2-16）

图2-16　贵州铜仁大桥文化去繁就简的提炼过程

（2）内涵优先原则

内涵优先原则是指在文化元素的挖掘和提炼过程中，以文化内涵表达为优先。桥梁工程技术具有很高的逻辑抽象，而文化元素则包含具体形象，当两者无法调和时，强行选择无关或不具代表性的文化符号进行表达，就会落入牵强附会的俗套或造成审美的缺陷。而对文化内涵的深挖易于将抽象的逻辑关系转化为美观的线条表达。

在地域文化、历史代表性元素挖掘和研究的基础上，提炼美好、积极的文化元素，进一步深入提炼其背后的人文内涵，如中国哲学文化中的天人合一理念、传统民俗赛龙舟文化中的敢为人先精神等。文化内涵与元素符号相结合，更有利于结构表达。

南京青奥公园桥采用螺旋空间桁架结构形成具有未来感和时尚感的桥面空间，表达了青奥会活力、动感、面向未来美好的文化内涵。（图2-17）

图2-17　南京青奥公园跨河桥

（3）地域优先原则

在选择文化元素的时候，优先选择具有地域代表性的文化元素。建筑风格和文化表达具有地域性的特点，一方面能够使景观桥梁设计显得新颖独特；另一方面能够获得当地百姓的文化认同和情感共鸣，更容易达成审美上的认同。

昆山青阳港水袖桥选择昆山最具有代表性的昆曲元素作为文化提炼的元素，不仅具有优美的形态，也为昆山的文化遗产做了宣传。（图2-18）

图2-18　昆山青阳港水袖桥

2. 文化提炼方法的技术手段

景观桥梁创作者应更加完善自身技术水平，培养发散性思维，充分吸纳建筑、地景、环境艺术、雕塑等各专业之长，提高自身美学素养，灵活运用抽象简化、仿生、联想等艺术方法进行文化提炼。

（1）抽象法

所谓抽象就是指从自然、生活、感觉体验、意识观念等各种事物中提取出的、能反映其特点和性质的象征性要素，并对其进行选择、分析、分离，使之简括化。

抽象法在文化要素中选取素材时，剔除了那些不重要的细部；从不规则的自然和日常视觉体验以及文化意象中汲取精华；形象提炼集中在对图案、形状、结构和色彩等的排列上。在进行文化提炼时，需要把想要表达的文化要素内容和文化主题进行总结，提炼出核心特征和特点，并用简洁的形式进行表达。相关案例见图2-19所示。

（2）仿生法

自然界各种生物的生长规律和优美的形态能为设计师的创作和设计提供丰富的灵感。仿生设计旨在通过观察、研究和模拟各种自然生物的形态，然后将其应用到美学实现创意中。当然，仿生设计不仅仅是外在形态的模仿，还有对其色彩和结构的发扬。因此，将桥梁景观设计与自然相融合，采用仿生设计理念，能够以外在表象的表现形式从直观上满足人们对审美的需要，营造舒适与和谐相统一的心理体验。

图 2-19 抽象法案例——中央党校掠雁湖人行桥

文化提炼的仿生方法主要有：造型仿生、环境仿生以及功能仿生，相关案例见图 2-20。

造型仿生是基于生物明确形态进行设计创新的理念。造型仿生大多是通过模仿生物的构造、形态或生活规律来设计桥梁建筑的外形结构。

环境仿生是通过对周边环境的模拟来创意设计桥梁造型，一方面加强了桥梁与周边环境的融合度，另一方面让桥变得更加生动、形象。

功能仿生主要是模仿生物的构造和受力原理使桥梁的结构设计更加合理。功能仿生又可以分为生理功能仿生和结构功能仿生。

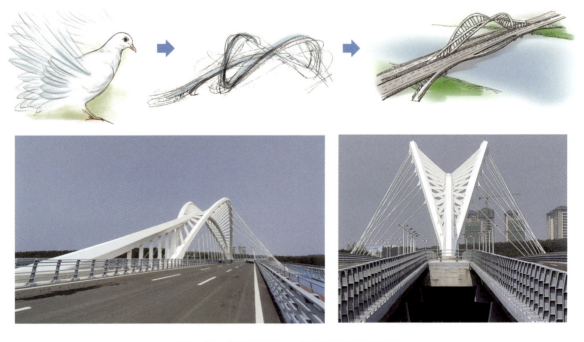

图 2-20 仿生法案例——山东威海石家河公园桥

（3）联想法

联想法是由一事物联想到另一事物，或将一事物的某一点与另一事物的相似点或相反点自然联系起来，并以此作为触发点进行创意设计的方法。该方法在表现一种物象的同时，使人们的心里产生联想，这种联想可能是形态的也可能是情感的，这是一种合乎审美规律的心理现象表现手法。相关案例见图2-21所示。在审美的过程中通过丰富的联想，能突破时空的界限，扩大桥梁艺术形象的容量，提升桥梁景观画面的意境。

通过联想，人们在审美对象上看到自己或与自己有关的经验，美感往往显得特别强烈，从而使审美对象与审美者融合为一体，在产生联想过程中引发美感共鸣，其情感体验的强度总是激烈的、丰富的。

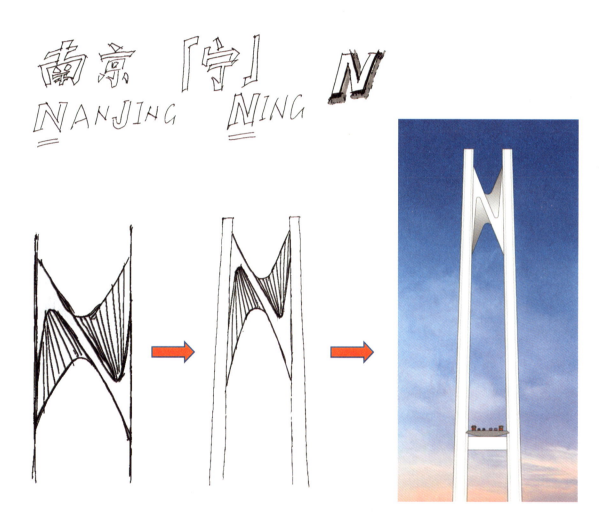

图2-21 联想法案例——南京仙新路长江大桥

2.4 结构表现理论

2.4.1 结构表现理论概述

1. 结构表现理论的形成背景

所谓结构就是指按一定的规律组成、协同作用，对外承受荷载并能保持安全、稳定的构件系统。从结构的性质来看其功能性的作用相当突出，结构从其诞生之初就融入了人的创造。追求美是人的天性，也就是说美的属性是结构应具备的天然属性之一。中国古建的斗拱、飞檐，古希腊的柱式，古罗马的穹顶等都无一不体现出结构与审美的统一。

随着科技的进步，对结构力学规律的认识越来越透彻，新材料、新工艺也得到迅速发展，这些都极大地推动了建筑美学的发展。新建筑思潮的不断涌现，也对桥梁的建筑审美产生了重要影响。比如包豪斯学派主张：艺术与技术的新统一，设计的目的是人而不是产品，设计必须遵循自然与客观的法则来进行，其代表人物密斯·凡德罗提出"少就是多"建筑设计哲学。20世纪80年代，普林斯顿大学的大卫·比林顿教授则提出了与建筑艺术平行的"结构艺术"概念，构建了"高效（Efficiency）、经济（Economy）、优雅（Elegance）"的"3E"原则。柯布西耶则认为建筑是利用天然材料建立起某种情感联系，其超越功利需求，营造造型并取得设计精神与设计目标的统一。

"四维"设计理论基础上的"结构表现"理论汲取了中、西方建筑与结构艺术设计理论成果的精华，在美学实现上聚焦结构形式与文化创意的融合，形成桥梁结构形态多元化与建筑复合美的外部表现，最终完成景观桥梁艺术设计发散性与结构设计精确性之间的融合。桥梁设计者需要激发创新力，打造真正触动人的心灵的美丽之物。桥梁没有语言，其形体与组织就是语言。倾注了思想与情感的桥梁结构，实现与自然秩序、文化精神之间的关联，能够唤起观者久贮心间的情感，并形成能打动人心的桥梁之美。

2. 结构表现理论的目标

（1）结构表现理论追求结构的丰富可能性和多元属性

结构表现的营造是为了力求打破我们对传统结构认识的惯性思维，让结构的形态在满足基本力学逻辑的同时更具有生命力和不断演化进步的可能，从而实现结构从功能到审美的艺术升华。这种从技术到形态的演进需要在探索实践和自我否定中实现不断提升，同时要求设计施工技术随之共同进步。

结构表现按照视觉美感标准，应该做到简洁、秩序、时尚、内涵。简洁是结构体系能以真实、简要的形式反映自然法则和力学逻辑，清晰地显示结构材料的美感与特色，能体现设计者精炼、巧妙的设计智慧。秩序则是结构的主次等级分明、构件组织规则、尺度适宜，且能与周边的空间环境统一、协调。时尚是要求结构的形式美学表达具有时代性，体现创新性与精确性。结构的构建方式与材料选择能切实反映新时代桥梁建筑的先进性与典型特征。内涵则是指桥梁的结构形式富于文化精神、自然精神的隐喻，体现时代进步与生命的活力，通过结构形式的营造赋予结构以纪念性，使其成为具有永恒意义的精神载体。

（2）结构表现理论追求建筑美与技术美的平衡

结构美应包含建筑美和技术美两个方面。建筑美可以是古典的也可以是现代的，它应该是所有具有美学内涵的建筑规则与样式的综合体。技术美学是以技术和美学为基础并使两者在实践应用中相结合的交叉学科。结构设计技术是构成结构美学表现的核心要素，结构表现只有恰当地运用设计技术才能赋予结构全新的美学形态。由于结构的技术美以飞速发展的科学技术为基础，因而更能体现时代发展的特征，彰显结构的力量与技术创新。

建筑美和技术美都是桥梁结构美的固有属性，桥梁的结构美也是建筑美和技术美两者的统一体。桥梁的景观表现需要取得以结构力学、设计技术为基础的逻辑理性和以建筑艺术为表达的人文感性之间的融合与平衡。以桥梁的结构表现力来完成对建筑精神内涵的表达是桥梁设计师应具备的重要素质之一。

（3）结构表现理论强调结构功能与结构审美的统一

结构作为桥梁景观表达的主体，往往是桥梁景观设计中关注的焦点。为了达到结构表现的目标，体系设计变得尤为重要。结构体系设计并非单纯的结构功能的分析和设计，而是为了实现结构设计最优目标而进行的结构体系重构。这个目标可以是功能上的，也可以是外观上的，更有可能是两者的结合。通过对结构形式和材料的创新应用，可使结构布局兼顾使用功能的完善与形态表现的美观。

景观桥梁结构要达到功能与审美的统一，桥梁本身应具备四大特征要素："真""善""美""新"。"真"意思是桥梁结构的形式与其结构的本质相照应，没有伪饰之物的累赘，体现结构的清晰与真实。"善"则有两层含义，一是结构满足完善、适用的功能，二是追求设计的社会价值，体现桥梁的人文关怀。"美"则表示结构的形态不仅赏心悦目，给人带来审美愉悦，而且与环境协调，尊重自然。"新"意味着桥梁的设计突出创新理念，反映时代特色，建立人与桥的新型互动关系。

3. 结构表现营造的关键要素

（1）结构形态的美学营造

桥梁形态的打造，要以文化发掘、环境协调为基础，选用能打动人、视觉感突出的元素形象。桥梁形象或现代时尚、或古典浑朴、或沉静或动感，其轮廓、体量及秩序组织均应鲜明、清晰，形成对人的感官的直接刺激，能在投入眼帘的一刹那给人以美的触动。富有感染力的景观桥梁，更易让观者领悟超脱桥梁形体之外的情感体验，加深桥与人的情感交流，充分激发人脑记忆、分析、理解和创造的天赋，使人达成桥梁观景之上的精神满足境地。

桥梁结构形态处理的关键在于外部轮廓与内部空间的组织营造。桥梁以自身体量巨大的客观存在触动人的心灵，并以自身结构形态的抽象性更加激发这种潜能。桥梁建筑的抽象可以将城市的精神与地域的特色文化加以实体化，从而产生强大的共情力量。桥梁结构内部空间的组织则以结构逻辑性为基础，将自然的秩序与结构的组织有机结合，利用光影对形体的展现和结构组织形式的律动，赋予桥梁结构生命的活力，进行恰当、精妙的建筑语言表达，引发观者对桥梁的情感兴趣。

线、面、体是景观桥结构形态组成的基本要素。线的组织与排列是产生结构轮廓的最基本方法，线条组合的秩序、节奏与平衡是桥梁结构表现的核心内容。线的围合便形成了面，面借助光影和域的延展给观者制造或柔和或刚硬的视觉感受。体则是由面包裹而成，为观者提供了感知和度量桥梁的主体，并借此形成最充分、丰富的感知体验。桥梁结构形态设计的各要素搭配要合乎量度和比例，通过比例可以让桥梁结构产生韵律、节奏和具有生命力的脉动，从而使桥梁"活"起来，并与其所处的自然或社会环境形成互动和平衡。

（2）结构的组合与秩序

虽然每个人的面部都是由鼻子、嘴巴、眼睛、额头、脸等部分组成，它们之间的尺度比例也基本相同。但在这些基本组成之上，可以形成不相雷同的千百万张面孔。这其中的秘密在于人面孔的独特的五官轮廓特征与个性化的组合方式。当五官轮廓造型精致且搭配符合比例协调时，我们便会在潜意识中形成美的观感。桥梁之美也同样符合此规律。由此我们可知，清晰、独特的结构轮廓与协调的结构组合方式是结构美产生的根源，有趣的形体轮廓、和谐的材料搭配、完美的构件组合、理性的结构逻辑与合理的空间组织是结构美营造的重要内容。

桥梁设计者遵循结构的逻辑与经济原则，通过精心的结构秩序设计，使桥梁与自然的秩序与脉搏相协调、共振；构造活力、和谐、新颖的造型，激发观者的热情，并与之产生情感的共鸣。总之，通过桥梁秩序、和谐与体量宜人的结构形态营造，对观赏者的心理与认知形成积极影响，从而产生美的体验。

结构形态的设计应构思巧妙、布局合理、形式简洁、大胆创新。

（3）结构的体量与细节

古人通过步幅、足长、臂长来对万物进行度量，通过度量，则建立以人为中心的秩序。因此建筑物也就有了与人相匹配的比例，也就是体量。柯布西耶说："伟大的建筑植根于人性，并且和人类的本能直接相关。"对于桥梁来说，同样如此。桥梁结构在其体量以及细部结构的尺度上也应妥善考虑，结构的形体要做到庞大而不失亲切，结构巨大的体积感则尽力通过虚实的对比、构件的纤细化加以削弱，使桥与人达成和谐。

从桥梁的总体结构形态布局来看，高空俯视的鸟瞰布局固然要考虑，但以接近结构物的人的视角进行景观美学营造则更为重要，因为最终审视桥梁形态美学效果的还是人的眼睛。

相对于桥梁整体的巨大体量，与行人视角更为关系密切的桥梁构件细节设计尤其要妥善处理。桥梁整体与细节的关系处理在总体风格上应秉持协调、一致的原则；在表现形式设计上又同时要崇尚独特性、个性化，以满足观者丰富且不断更新的观赏兴趣。

（4）结构装饰"度"的把控

适宜的桥梁装饰可以为桥梁增彩添色，装饰题材的选择需要做到因地制宜、简繁得当。选材的原则则依据结构、功能或环境要求而定，其装饰内容中的文字、图画、雕塑、建筑形式等须与桥梁完美结合。但应注意的是装饰仅是桥梁结构必需之外的缀饰，属于较低层次的感官刺激，与色彩的作用相当。有一点需谨记，过头的装饰会掩盖结构的优点，所以桥梁装饰的运用一定要注意"度"的把控。

相对装饰而言，桥梁结构的表现是更为高层次的美学展示。结构自身的美感，是建立在对意象净化及精炼而形成的形体基础之上，更重视比例与尺度，通过量度形成秩序与统一性，其内在的高度和谐出于对自然秩序法则的清晰认识，从而引起人的视觉兴奋，产生更高层次的精神体验满足。

2.4.2　结构表现理论的实现方法

景观桥梁的结构表现需从结构的形态、结构空间组织、结构的统一与协调、结构的光影等方面进行桥梁景观营造。在结构形态造型设计方面应重点考虑结构的体量、高度、尺度、细节等关键设计要素以及结构形态在多视角条件下的视觉美感表现。结构空间组织要重点考虑行人舒适度、方位的诱导性和透视感等，重视桥梁上下空间营造以及与周边空间沟通的功能，打造开放、共享的复合桥梁空间。结构的统一与协调设计要重点关注桥梁结构形式及功能布局与周边地物、建筑物等环境构筑要素之间的协调、统一关系。结构的光影设计则是研究日光投影与夜景亮化状况下，桥梁整体结构和局部细节的视觉美感表现。在造景上强调时空四维交叉，通过光影与色彩变化，展现桥梁景观的连续性和丰富性。

好的理论要得到好的实践，必须要依靠好的方法。结构表现理论在景观桥梁上的价值则以创新型的桥梁结构赋形方法来加以实现。以结构表现理论为基础的结构赋形方法包括结构功能分析方法、解构—重构结构体系设计理论、BIM 参数化赋形技术等成套技术措施。

1. 结构功能分析方法

（1）功能目标确定

结构设计的功能目标一直是结构师思考的问题，这不仅仅需要实现结构上的先进性和合理性，还需要以满足某种综合功能目标为前提条件。

自然界的结构是千变万化、多姿多彩的。结构总是为功能服务，如昆虫和乌龟的骨骼包裹肌肉，而哺乳动物却是由肌肉包裹骨骼。这些不同的结构形态服务于不同的生存方式和生存环境。而现代桥梁结构类型有拱、梁、悬索、斜拉、桁架等有限的几种类型，这些结构有一个统一的功能，那就是跨越。

然而，随着当代大跨径建筑和景观桥梁研究的不断发展，桥梁结构的形态也在不断地丰富和演变，跨越已经不再是结构功能追求的唯一目标。对于景观桥梁设计，它不仅需要解决结构受力问题，更重要的是在功能上要满足空间性、艺术性、经济性、易建造等多元目标。

总之，景观桥梁美学实现设计理论将桥梁需要实现的功能目标划分为"结构、空间、艺术、经济、建造"五个层面的内容。根据不同景观桥梁的实际功能需求，在这五个层面上也会有不同的要求和权重，结构功能目标的确定可以为后续结构设计提出指导性意见。

① 结构功能目标

桥梁的结构功能目标是指合理、安全地实现其跨越功能，这是桥梁结构所具有的最重要功能，也是桥梁功能目标中最重要的一环。

结构功能目标需要考虑的因素不仅包含桥梁的跨径，还包含桥梁需要跨越的总长度，需要满足的净高净宽要求，满足地形地质条件的建造方法以及需要承担的荷载等。这些因素都制约了桥梁对结构形式选择的可能。

② 空间功能目标

空间功能目标在常规交通桥梁中主要是满足车辆行人的通行宽度和净高要求。但在景观桥梁中，空间功能目标被赋予了更多意义，如空间的休憩观景功能、空间的互动交往功能、空间的生态功能以及桥梁空间的衔接、拓展功能等。这些空间功能目标要求结构在功能上给出更多更复杂的响应，同时也对景观桥梁设计提出了更高要求。

③ 艺术功能目标

艺术功能目标是景观桥梁设计重要的组成部分，它决定了景观桥梁最终呈现的视觉效果。

艺术功能目标决定了桥梁需要呈现的景观意向，为了达到这些景观意向，结构上需要做出改变和调整。这些景观意向包括桥梁的整体形态、文化内涵、材质色彩以及结构在其中扮演的角色等。

④ 经济功能目标

经济性也是景观桥梁设计中需要达成的重要目标，在有限的经济预算内，要求达到最佳的景观效果，就需要在结构体系表达和结构材料选择之间寻找最佳的方案。

⑤ 建造功能目标

不同的建设条件会对桥梁结构的施工建造提出不同的要求，其中有施工工艺要求、施工造价控制以及施工周期控制等。很显然，景观桥梁的建造实现要求也在很大程度上制约桥梁方案的选择。

（2）功能目标的分析模型

景观桥梁功能设计目标可以通过下式表述：

$$M = K(a,l) + G(b,n) + Y(c) + E(d) + B(h,t)$$

式中：M 为功能设计目标；$K(a,l)$ 为桥梁需要实现的结构目标，a 为桥梁的跨越类型（分为跨河、跨路、跨山谷、跨海等类型），l 为桥梁需要实现的跨径目标；$G(b,n)$ 为结构需要实现的空间目标，b 为桥梁的功能类型（分为公路桥、市政桥、人行桥、其他类等类型），n 为桥梁需要实现的空间数量；$Y(c)$ 为结构需要实现的艺术目标，c 为美学表达的类型（分为结构表现、建筑装饰、美学渲染等类型）；$E(d)$ 为结构需要实现的经济目标，d 为造价限制；$B(h,t)$ 为结构需要实现的建造目标，h 为建造工艺（分为支架、悬浇、吊装、顶推等类型），t 为工期要求。

通过对桥梁建设条件以及功能需求的分析，根据不同功能的需求特征可以建立功能目标分析模型，如图 2-22。

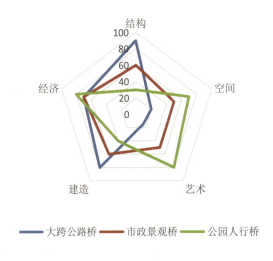

图 2-22 景观桥梁功能目标分析模型

根据功能分析模型,能够直观分析出结构设计需要重点考虑的方向。如大跨径公路桥更加重视结构的合理性和结构效率,而公园人行桥则更关注美学和空间的表达。

南京仙新路长江大桥(图 2-23),结构目标以跨越为主导功能,桥梁景观设计重点考虑桥梁结构功能的合理性和协调性,而空间和美学的表达则选择相对收敛。如图 2-25 红色模型。

成都天府绿道桥(图 2-24),以芙蓉花瓣的造型为意向。桥梁功能以美学和空间为主导,在设计构思时,桥梁结构以实现游玩休憩功能和美学表现为主要目标。如图 2-25 蓝色模型。

图 2-23　南京仙新路长江大桥

图 2-24　成都天府绿道桥

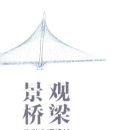

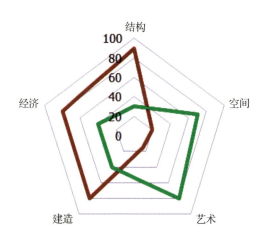

图 2-25 两座桥梁的功能分析模型
（红色为南京仙新路长江大桥，绿色为成都天府绿道桥）

2. 结构体系设计新理论

（1）结构体系设计的意义

桥梁的基本结构体系包括拱、梁、斜拉、桁架几种，这几种结构体系被发明出来已经几百年，基本能够满足常规桥梁的结构需要。但是如果将视野放大到人类的整个现代结构技术范围，结构体系的数量将非常多，仅建筑屋盖的结构体系类型就有数十种，这些不同的结构体系，能够满足不同的造型、荷载以及功能的需求。

景观桥梁对桥梁的功能提出了更加多元的要求，也就意味着传统的桥梁结构体系已经很难满足景观桥梁设计的需要，需要在设计中进行优化和拓展，从而实现结构体系创新的目标。

根据景观桥梁设计目标模型的分析结果，景观桥梁结构体系需要解决"结构、空间、艺术、经济、建造"等五方面的目标。由于单一的结构形式无法完全解决所有需求，因此在结构体系就需要通过采用不同的结构形式和结构构件组合来实现这一目标。

结构的解构—重构设计思想从体系设计层面实现结构形式与结构受力的统一，因而从根本上解决了景观桥结构设计中结构受力与结构目标脱节的问题。

（2）解构—重构结构体系设计理论

景观桥梁结构设计与目标的脱节往往表现为：① 结构受力不能有效支持结构目标的实现，建成实物与设计方案偏差大，不能很好还原方案效果。② 结构无法实现预设造型，用虚假的装饰结构进行附会，造成审美上的逻辑失衡。

结构体系设计是结构设计中重要的前置环节，是围绕结构设计目标的实现而提出结构解决方案。该过程中要求对结构的受力原理、材料选择、空间构成、建造方法等进行综合评估和比选，并确定最优结构体系方案。

解构—重构结构体系设计理论与常规桥梁结构设计方法的最大不同在于"心中无桥"，即在桥梁方案创作之初，心中无既定的桥型框框。该理论打破了传统的桥梁结构选型方式，从第一性原理出发，把结构受力构件进行解构，从结构多元组合的角度重构更加丰富多样化的结构体系，这种体系可以是单一结构类型，也可能是两种或多种结构类型的组合、叠加或变形。如图 2-26 所示。

新理论语境下，桥梁结构体系通过灵活的结构构件组合，实现结构体系的多元功能，包括跨越、营造或拓展空间、景观艺术表现等，这些功能在结构体系上获得高度统一和高效实现。

① 结构的解构

受拉构件：缆、索、预应力筋、拉杆；

受压构件：柱、杆、塔、拱；

拉压构件：桁架杆件、拉压杆；

弯扭构件：梁、杆件、节点；

材料：混凝土、钢、木、其他。

② 结构重构分析模型

该过程可以表述如下：

$$T = \sum_{k=1}^{n}[L(k) \times M(k) \times C(k)]$$

式中：T 为结构体系组合表达式；n 为参与受力的结构构件数量；$L(k)$ 为第 k 个结构构件的结构作用贡献值，表示第 k 个结构构件的力学效应；$M(k)$ 为第 k 个结构类型的材料参数，根据该结构采用的不同的材料（分为钢、石、木、混凝土等材料类型）取值；$C(k)$ 为第 k 个结构类型的结构贡献比例，根据结构参与整体受力程度取百分比。

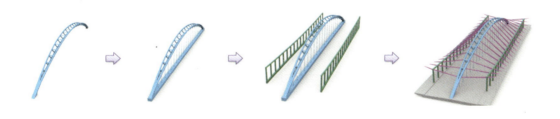

图 2-26　通过解构—重构实现结构体系组成形式的多样化

（3）结构体系设计的刚度分配原理

结构体系分析模型中的 $C(k)$ 变量可利用结构刚度分配原理进行分析，即在组合体系结构中，不同的结构构件具有不同的结构刚度，这个结构刚度影响组合体系桥梁结构受力的分配。结构刚度越大，参与结构的贡献也就越大。

建立刚度分配原理是为了更准确、更方便地调整结构体系设计中各结构构件之间的组合关系和贡献比例，以使结构体系达到结构受力和外观效果的平衡。

3. BIM 参数化赋形方法

（1）结构赋形参数化表达

景观桥梁结构表现技术中，常常通过结构构件的变形、分解以及排列组合来实现结构形式的多样化，以达到结构功能及结构文化美学的表达。在结构体系设计中，结构赋形是桥梁结构表现最重要的关键环节。

结构赋形的参数化表达，借助参数的改变而产生多种结构可能，因此能够实现结构的快速多样化找形。这种结构参数化赋形方法，能够大大提高结构赋形和结构创新的效率，并通过结构体系设计方法，快速、高效实现结构功能与结构目标的平衡。

该结构赋形方法通过模数化和参数化将结构分解为单纯的结构单元，然后以变形、排列组合等方式形成各种不同的结构形式。

结构参数化函数 L 可表述如下：

$$L = f(j, p, q)$$

式中：j 为结构类型，拱 a、梁 b、斜拉 c、悬索 s、桁架 t；p 为结构功能，纵向主受力 ms、横向主受力 mt、辅助受力 au；q 为结构美学表达方式，塑形 sc、分裂 sp、变形 de。

根据不同的结构类型，不同形态结构的参数化表达模型分别表述如下。

① 桁架结构参数化表达模型

$$f(t, ms, de) = t(tr, h) \times p(pl) \times S(se, to)$$

式中：$t(tr, h)$ 为桁架立面形态，tr 为标准桁架立面布置，h 为立面的变形系数；$p(pl)$ 为桁架平面形态，pl 为标准平面布置；$S(se, to)$ 为桁架断面形态，se 为断面布置，to 为横向扭转系数。

南京青奥公园跨河桥（图 2-27），tr 为标准三跨桁架，h 为两桥墩不等高差异 80%。pl 为平面变宽 s 形曲线，与景观道路设计一致。se 为两侧内倾梯形断面，to 为桥墩处横向扭转 90 度。

图 2-27　南京青奥公园桥桁架结构的空间形态

② 多肢拱结构参数化表达模型

$$f(a, ms, sp) = \sum_{k=1}^{n} [A_k(sp, ep, cp) \times S_k(se, to) + p(a_k, a_{k-1}, ra)]$$

式中：$A_k(sp, ep, cp)$ 为第 k 根拱肋的形态，sp 为拱脚起点位置，ep 为拱脚终点位置，cp 为拱顶位置；$S_k(se, to)$ 为第 k 根拱肋的断面，se 为断面布置，to 为横向扭转系数；$p(a_k, a_{k-1}, ra)$ 为拱肋间连杆布置，a_k 为第 k 根拱肋，a_{k-1} 为第 $k-1$ 根拱肋，ra 为连杆的范围。

威海石家河桥多肢拱结构的空间形态见图 2-28。

图 2-28　威海石家河桥多肢拱结构的空间形态

③ 斜拉桥结构参数化表达模型

$$f(c, ms, sc) = \sum_{k=1}^{n} [C_k(sp, ep, cp) \times S_k(se, to) + p(a_{1k}, a_{2k}, ra)]$$

式中：$C_k(sp, ep, cp)$ 为第 k 个塔柱的形态，sp 为塔柱根部位置，ep 为塔柱立面线形，cp 为塔顶位置；$S_k(se, to)$ 为第 k 根塔柱的断面，se 为断面布置，to 为横向扭转系数；$p(a_{1k}, a_{2k}, ra)$ 为第 k 根塔柱的拉索布置，a_{1k} 为拉索在 k 塔身上的布置方式，a_{2k} 为 k 塔拉索在梁上的布置方式，ra 为拉索布置方式，是否反转，扭转。

江阴滨江路跨黄山路斜拉桥结构的空间形态见图 2-29。

图 2-29　江阴滨江路跨黄山路斜拉桥结构的空间形态

（2）BIM 参数化赋形设计方法

根据结构参数化赋形模型，可在 BIM 平台中，通过参数调整自动生成结构赋形模型。模型生成后在功能目标基础上根据设计需求完善美学表达和空间营造。（图 2-30）

结构参数化赋形模型和 BIM 辅助生成，是结构表现技术打通美学创新和结构创新之间隔阂的重要环节，通过半自动化生成，能够在短时间探索结构形态的多种可能，从而为结构创新提供更多选择。

该技术解决了结构赋形中结构体系创新的难题。

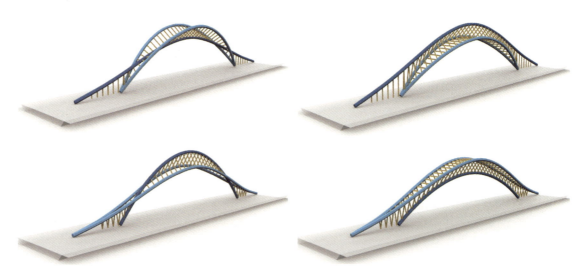

图 2-30　根据多肢拱参数化模型 BIM 辅助生成一组结构体系方案

2.5 多元体验理论

2.5.1 多元体验理论概述

1. 多元体验设计理论本质是以人为中心

何谓体验？体验是客观世界作用于人的主观世界并留下的思想印迹。人通过实践体察万物，并从中收获体验。可以说人是用自己的生命来验证客观世界，并形成主观体会，留下印象。体验帮助人类触摸世界的真实与存在，并在记忆中留下深刻的印迹，使他可以随时回想起曾经亲身感受过的生命历程。

不同的艺术形式和艺术内容能使人产生不同的认知与体验。春秋时期延陵季子游列国，于鲁国观礼乐，观《周南》《召南》则赞曰"美哉！始基之矣"；观《王》则曰"美哉！思而不惧"；观《郑》则曰"美哉！其细已甚，民弗堪也"；观《唐》则曰"思深哉！"。《左传》的历史记载生动再现了季子对于不同形式、不同内容的礼乐舞蹈所产生的不同体验。

在现代社会中，体验具有更重要的作用。现代科技创新中的 AIP 应用创新制度，即"AIP 三验"（体验、试验、检验），以体验为首，强调以用户为中心，发现并解决用户的现实与潜在需求，搭建创新与应用之间的沟通桥梁，形成科技创新和应用创新双螺旋驱动。受"三验"创新模式的启发，景观桥梁的创新理论设计也建立了以人为中心的多元体验创新设计模式，实现创新语境下的桥梁景观使用体验表达。（图 2-31）

景观桥梁作为服务大众的公共设施，既是能愉悦精神的艺术品又是能服务用户的交通设施，作为"体验"的客体，它具有二重性。这种二重性不是割裂开来的，而是紧密的统一体，是景观桥梁实现"体验之美"必须关注的关键问题。景观桥梁的体验二重性体现了景观桥梁感性和理性的统一，即人作为主体与客体的桥梁、环境的统一，另外也体现了景观桥梁使用功能和造型设计的统一。景观桥梁通过理性的秩序及变化，使结构环境空间中展现出丰富的层次与内涵，从而激起人主观上的多样性意象及多元体验。

图 2-31 "三验"创新模式

2. 多元体验设计理论的作用

景观桥梁的多元体验营造有何重要意义呢？其实打造功能丰富、形态优美的桥梁一直是桥梁建设各方重点关注的问题。多元体验的营造对于提升景观桥梁的品质、外延景观桥梁的价值具有重要意义，至少有以下四点重要影响。

（1）有利于桥梁对环境的重塑与协调

桥梁一般体量比较大，而且受关注度比较高。建成后，往往成为原桥位环境内"瞩目"的环境构成因素。桥梁体验的多元化，使桥梁与环境的关系更加密切，有利于桥梁对所处的环境进行重塑，使桥梁与环境关系更加协调，形成新的整体环境景观。

（2）强化桥梁对文化的载体作用

桥梁的建筑设计能折射出人类的科学理念以及情感意识。文化体验的营造，使桥梁建筑能发挥出类似城市大型公共雕塑的作用。同时桥梁自身也承载着历史与岁月的变迁，民族风情、宗教信仰、审美情趣等文化沉淀在时间的磨砺下会更加光彩夺目。

（3）更充分地满足人的精神需求

桥梁不仅在功能上具有实际的效用价值，同时又是人心理和精神上的"构筑物"。作为桥的使用者，人对桥非常关注，内心渴望"好"的桥梁是非常自然的。体验丰富的桥梁建筑能充分展示其美学内涵和宜人特质，并营造良好的"心理环境"，给人以愉悦的精神享受，从而提升人们的生活品质。

（4）充分体现设计匠心，打造传世精品

景观桥梁的多元体验体现了桥梁作品对结构、美学、文化与人文精神等多元功能需求的满足。成功的景观桥梁营造需要创作者以十足的匠心精神对设计品进行耐心打磨，方能完美诠释桥梁结构的理性逻辑，凝聚地域的文脉，并烙下对时代精神的理解。以桥梁之美向文化致敬、向世界的创造者致敬，打造经得起时代、岁月、风雨洗礼的经典传世之作。因此也可以说，"多元体验"是一座桥梁能够成为精品并能经得起历史考验的重要因素之一。

3. 多元体验设计理论创新设计路径

东南大学景观桥梁创作设计团队在桥梁的"体验之美"方面进行了很多思考和创新。总的来说，桥梁的体验要从感知体验、交互体验和情感体验三条路径入手进行创新设计，如图2-32所示。

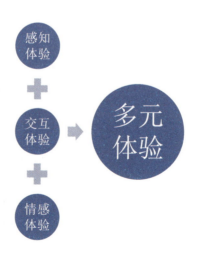

图2-32 多元体验理论创新设计路径

感知体验强调视听、触觉感官上的体验设计。交互体验则更注重用户在使用时与桥梁之间互动的交互设计。情感体验强调心理认可度、归属感以及情绪体验。桥梁的体验设计首先要以"人"为服务焦点，强调人性化设计，重视调动和组织桥位处交通空间、水面景观空间、河岸公园绿地空间以及周边绿道等公共休闲空间的功能，丰富行人和游客的过桥体验与观景体验，增加人与周边环境在精神层面上的互动与交流。

2.5.2 多元体验理论的实现方法

桥梁多元体验的功能构筑要以"人"为主，以"桥"为媒，统筹各种景观设计方法，让桥梁成为有活力、有趣味的鲜活个体。

1. 多元体验基础上的功能构筑

（1）结构功能拓展

通过桥梁功能的拓展，将桥梁的交通空间与周边相邻城市空间结构结合在一起，体现"融合"与"易达"理念。尤其要重视桥梁上下空间的营造与沟通，借助桥梁将城市各片区分散的慢行系统连接成整体，打造开放、共享的复合桥梁空间，给市民提供更加丰富多彩的乐享空间，让市民可以更加便捷顺畅地沟通河岸绿地与城市道路，提升桥梁使用者在桥上的空间体验和观景体验。

（2）空间环境营造

桥梁设计应以绿色生态理念为指导，将桥梁与生态地块打造成为有机整体，形成城市蓝绿交织体系的景观节点。引绿上桥，引水上桥，创意生态桥梁，缩短人与桥的距离感，营造舒适的、具有生态情趣的人行观景空间，将桥梁打造成城市客厅和城市阳台，成为利于城市居民休憩观景的场所，给桥位区域内的行人带来舒适的心理体验和审美快感。

（3）文化情感共鸣

倡导"生息之城""文化城市"景观设计理念。采用新材料、新技术来强化桥梁的时间感、季节感和文化性，赋予桥梁以生机与活力，进一步加深桥的自然属性与人文属性，为人和桥的互动、共情创造更多的接入点，让人们充分感受到桥在时空和历史中更迭与变化，激发行人精神本原中的文化基因、自然基因，从而使人产生新奇、满足、兴奋、共情等丰富的情绪体验。

（4）时空四维交叉

桥梁的多元体验打造强调在空间造景上的时空四维交叉。通过光影与色彩变化，展现空间的连续性和运动性，让行人在空间的延展和时间的流动中感受观景的乐趣，实现桥梁交通功能、景观功能、休闲功能的多元复合。借助夜晚灯光亮化展示桥梁景观特质，以桥梁的亮化设计强化桥梁与人文、环境的融合，加深居民与游人对于城市特色文化的印象。

2. 多元体验实现的功能目标

景观桥梁围合的是一种以人为本、以人为中心的空间区域，是为了创造满足基本功能需要又富有内涵、充满生气的区位环境。景观桥梁设计既要保持对交通功能、构造技术、形态美学、材料肌理研究的传统，还应针对随社会发展而产生的新景观问题保持敏锐的跟踪，这样才能与环境品质的高要求相适应。基于"四维"设计理论的多元体验打造力求使景观桥梁实现如下功能目标。

（1）吸引性

吸引性是信息传播、文化交流、餐饮娱乐等社会活动的核心属性。景观桥梁功能辐射整个城市甚至更远，可以形成享有较高知名度的桥位区，打造超广域效应。其辐射力不仅能传达到城市各个区域，也能对不同地区、不同文化的人群产生吸引力。景观桥梁拥有了吸引属性，才能使之真正成为城市开放的窗口，成为现代化的点睛之笔。

（2）可达性

可达性是影响着人们能去哪里、不能去哪里的一种特性，只有使用者能够到达的场所才能给其提供选择性。可达性可通过穿越一个空间可供选择的路线数量进行衡量，这些路线可保证步行、骑自行车或乘公共汽车均可安全到达，避免汽车拥塞与事故的烦恼，因此这也成为空间场所能否形成良好使用体验的先决条件。景观桥梁应创造城市新的可达性区，使交通更加便捷，提升周边土地价值，塑造高度现代化的市政、信息环境。

（3）舒适性

舒适性则表现为环境安谧、景观优美，给人以舒畅感。在这样的公共空间中应该满足人们丰富多样的活动需求，如基本的活动（行走、购物或候车等）、可选择的活动（闲逛、静坐、游戏等）、社会性活动（聊天、观看别人、参与公众活动等），它体现了人与人的互动。景观桥梁所塑造和提供的活动空间应具有"个性"，并能成为人们可以自由休息、玩耍、表演和进行一切社会交往活动且充满生活情趣的空间场所。

（4）标志性

景观桥梁应展示区域文化特色，其空间质量和景观风貌代表城市文明发展的水平，它界定了城市重要的标志性区域。我们对一个环境的感知通过两个因素：一是视觉的外在的元素，即形态；二是它的文化意义。景观桥梁历史文脉的赋予，可以记留城市发展过程历史脉络，在空间环境中留下的印记，它会引起人们对过往历史的回顾。

景观桥梁设计中对城市文化的追求，以及对地方民俗、地区环境气氛和建筑风格的尊重，能够提高人们对城市的认知感和归属感。这种文脉的保护、继承和延续，更有助于景观桥梁成为某一特定区域的景观标志。

（5）灵活性

景观桥梁的灵活性体现在功能服务上的多元性和景观表现上的多样性。由于桥梁的服务对象非常广泛，包括各年龄层市民及海内外游客，因此需要更加灵活的空间组织和布局，对老人、儿童和其他有行动障碍人士要非常友好，同时要与周边的文化、市政、交通服务等设施合理衔接，体现城市现代立体化、一体化概念。桥梁的建筑形式也应新颖奇特、灵活多变，彰显新时代的城市风貌。

2.6 景观桥梁美学实现流程控制与功能评价方法

以景观桥梁的美学实现"四维"设计理论为基础,设计团队建立了以"环境分析、文化提炼、结构赋形、功能验证"为主要内容的桥梁"四步造景"设计法如图 2-33 所示。该设计方法解决了景观桥梁美学设计发散性与结构设计精确性之间的矛盾难题,同时将景观桥梁结构美学实现的设计流程进行了规范化、集成化,形成景观桥梁美学实现上的流程控制与功能评价一体化方法。

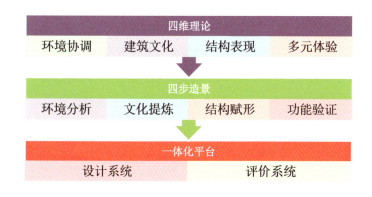

图 2-33 四维理论、四步造景及一体化平台

2.6.1 流程控制与功能评价方法概述

1. 流程控制与功能评价方法设计思想

以"环境协调、建筑文化、结构表现、多元体验"四个维度的景观桥梁美学实现设计理论为指导,将环境分析、文化提炼、结构赋形、功能验证桥梁"四步造景"设计法及桥梁合理性、功能性、舒适性、景观性、经济性等专项评价进行软件程序集成开发,并形成景观桥梁美学实现流程控制与功能评价一体化平台。该平台将景观桥梁设计的主观创意与美学设计过程进行了系统性的规范化和标准化,可实现景观桥梁美学设计发散性与结构设计精确性的协调融合。

2. 流程控制与功能评价一体化平台的运作机理

在桥梁的景观品质越来越受重视的社会背景下,景观桥梁美学实现流程控制与功能评价一体化平台的开发则应时代的需求而生,该平台工具覆盖了景观桥梁美学实现的环境分析、文化提炼、结构赋形、功能验证、方案评价等从构思到完成的所有设计阶段。

景观桥梁的美学实现设计从环境分析到方案评价等在内的设计环节，都面临着技术路径较为发散的问题，而景观桥梁系统性美学实现流程控制与功能评价一体化平台利用大数据挖掘和云计算技术，使整个设计流程更加紧凑、高效，在美学的发散性与结构设计的精确性之间搭建了一座沟通的桥梁。

该平台集成了设计与评价两大系统板块，通过系统功能模块化、流程互证多元化等方式，实现各设计阶段的高效运作，满足企业对景观桥设计规范化、流程化的需求。

该一体化平台通过数据集成，以可视化的方式满足用户使用需求，即用户只需要按流程图输入设计要求，即可实现桥梁方案的自动挖掘、自动找形、自动分析、自动评价等设计过程。该平台解决了景观桥梁美学创意发散不易聚焦的问题，真正将景观桥梁美学实现设计流程进行了标准化。

2.6.2 流程控制与功能评价一体化平台的技术路线

平台的设计板块按照环境分析→文化提炼→结构赋形→功能验证的流程顺序进行衔接和布置，后一流程工作可根据实际设计完成状况及要求适时返回前序流程进行设计流程重置。

环境分析模块利用大数据技术和倾斜摄影航拍 3D 建模技术，调查收集环境的自然地理、规划条件、地域文化、功能需求等资料信息。综合利用所得信息并结合桥梁建设条件，从与环境协调的角度为桥梁方案提供建议。

文化提炼模块主要有文化挖掘、元素提炼、美学创作等工作内容。该模块利用 AI 美学设计技术对大数据挖掘、分析所得的设计元素进行仿生、联想、简化抽象等美学处理，并优化选择后形成方案初步的线条组合造型。

结构赋形模块则针对初步线条组合造型方案，按照结构体系设计的要求，结合拓扑优化方法对桥梁方案进行结构找形，对其进行结构合理化设计。结构赋形主要分为大形分析、结构找形、形态优化等步骤，其间需要完成体系设计、结构分析、结构优化等工作。

功能验证模块则是利用 BIM 参数化技术和虚拟现实技术，完成景观桥梁方案的三维实现，并通过仿真动态模拟和场景互动分析，对桥梁的功能性、景观性、体验性进行多元分析。

评价模块中的合理性评价主要对桥梁的结构技术和施工技术合理性进行评价；功能性评价侧重于交通功能评价，对通航、防洪等的影响评价等；舒适度评价聚焦桥梁的服务能力，包括人流、车流服务水平及交通转换便捷程度等；景观性评价桥梁的独特性、文化性、视角效果、亮化效果等；经济性评价以全寿命周期观点对桥梁进行综合成本分析。

根据设计的需要，评价模块中的评价流程可随时与设计模块流程交互进行，适时对景观桥方案进行评价。

针对未来移动办公、协同设计的需要，可结合大数据分析、AI 技术、虚拟现实技术等开发智能云设计平台。平台的主要功能是将各阶段的分析和工作成果导入系统之中，对景观桥梁设计的过程和方向进行分析和把控。平台以流程控制的方式引导设计师一步一步完成最终的设计，并对各阶段成果进行评价和验证，使设计目标得到更完美、精确的实现。通过该一体化平台的开发，可以明确景观桥梁的设计流程，有效控制景观桥梁的设计环节，将"四维"设计理论和"四步造景"法更好地贯彻到实际的工程项目应用之中。如图 2-34 所示。

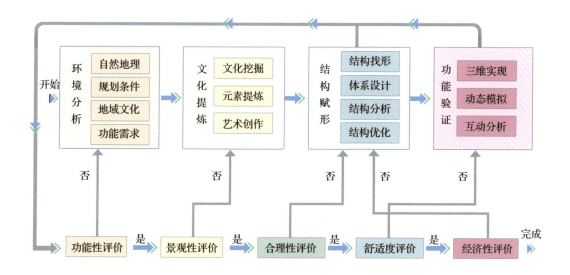

图 2-34　流程控制与功能评价技术路线图

Chapter 3

第 3 章
景观桥梁结构体系
创新设计理论

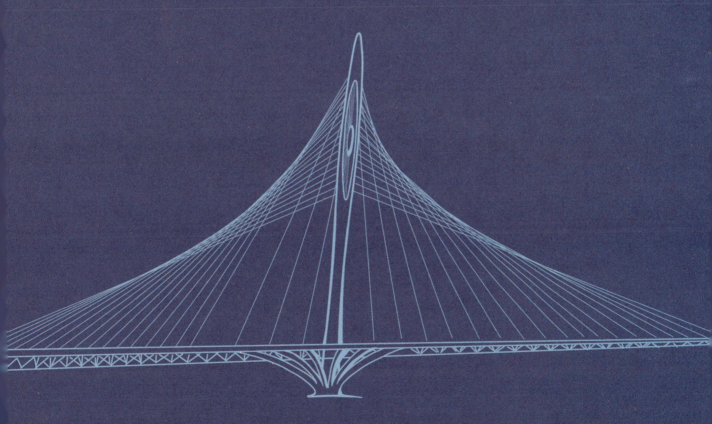

3.1 景观桥梁结构体系创新设计总论

3.1.1 景观桥梁结构体系设计概述

景观桥梁结构体系设计是以功能和形态目标为导向,通过对结构类型、体系组合、建造措施等内容的研究和设计,实现结构性能和功能的综合最优。

1. 景观桥梁结构体系设计的问题与解决思路

景观桥梁结构体系设计面临的主要问题是设计成果与目标的脱节:① 结构受力不能很好地达到结构目标,建成实物与设计方案不符,不能很好地还原方案。② 结构无法达到需要的造型,用虚假的装饰结构敷衍,造成审美上的逻辑失衡。

结构体系设计是结构设计中重要的前置环节,是为了实现结构设计目标而提出的结构解决方案。该过程要求就结构的受力原理、材料选择、空间构成、建造方法进行综合评估和比选,确定最优结构方案。

要达成设计成果与目标的一致,结构体系设计须打破传统的桥梁结构选型方式,以第一性原理出发,把结构受力构件进行解构,从结构多元组合的角度完成更加丰富多样化的结构体系,这种体系可以是单一结构类型,也可以是两种或多种结构类型的组合、叠加或变形。

不同的结构类型在桥梁结构体系中,承担不同的功能,可以是实现跨越的功能,可以是营造或拓展空间的功能,也可以是表现景观艺术的功能。

2. 景观桥梁结构体系设计的意义

结构体系设计是景观桥梁设计的灵魂,决定了设计的水平和品质。现代景观桥梁的表现形式和功能都呈现多元化的发展趋势,更注重桥梁空间、景观外形以及结构功能的综合目标打造。

结构体系设计需综合功能需求、安全可靠性、景观造型、经济和可实施性等综合确定,特别是对于景观造型要求较高的桥梁,结构和建筑之间的相互作用是非常复杂的,需要结构师和建筑师共同的创造能力、想象力和创新思维,想象和构思新的桥梁结构形式。如图3-1。

图 3-1 结构的想象与创新

许多桥梁结构师在进行结构体系设计时，往往只关注结构本身，容易忽视结构的系统综合性能或缺少对使用者需求的关注。尤其是城市桥梁，其景观和功能要求较高，需满足结构安全性、空间舒适性、使用便捷性、形态美观性等综合功能需求，这就对桥梁的结构体系设计提出了更加多元的要求。如图 3-2 所示的桥梁方案。因而结构师必须学会采用多元视角去认识和把握桥梁的结构体系设计，以实现功能与形式的综合最优。

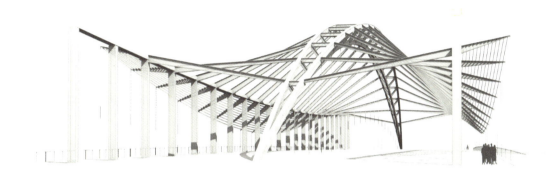

图 3-2　结构的多元化设计

景观桥梁设计需结合建筑空间、文化表现、人的需求等，创作出功能、结构和景观最优的方案。没有最好的结构，只有最适合的结构。桥梁的结构体系设计就是要以梁、拱、塔、吊索、壳体等基本构件为基础创意出与桥梁多元功能要求相适应的结构形式。如图 3-3 桥梁方案。

3. 景观桥梁结构体系设计的目标实现

结构的作用是抵抗外部荷载，包括直接的恒载、活荷载和间接的温度作用、不均匀沉降等。结构体系则是如何抵抗这些作用的结构表达形式，与结构外部约束条件、结构构件内部刚度分配、不同杆件布置方式和连接节点刚度密切相关。结构体系是结构功能、形式及其受力的统一。

图 3-3　多跨连拱造型——空腹连续梁体系

桥梁最重要的功能是跨越，桥梁结构属于典型的水平结构，其结构体系与建筑结构有较大的不同，桥梁形式需综合考虑景观、空间、施工和经济方面的要求，需结合各方面的影响创作出适合的结构体系和形式。同样为拱桥形式，内部的结构体系和传力路径也不尽相同。设计师需通过结构体系的创新，改善结构的力学性能，达到综合最优的目标。

桥梁结构体系设计应与桥梁总体设计、景观造型设计同步开展，有机结合、互相影响。先进且合理的结构体系设计，有助于实现建筑造型、优化结构性能、提高经济性能、降低工程风险，是桥梁总体设计的重要组成部分，也是桥梁结构设计的最关键的环节。

3.1.2 景观桥梁结构体系与桥梁基本类型

结构体系是随着设计条件和目标、设计技术能力等的不断发展而发展的。不同的桥梁类型其结构体系不同，相同的桥梁类型里也蕴含着不同的结构体系，结构体系与结构外部条件、内部杆件连接和分配相关。本节简述 5 种常见的经典桥梁结构体系。

1. 梁桥

梁桥 (beam bridge) 是以受弯的主梁作为主要承重构件的桥梁。按断面类型可分为实腹梁、空腹梁和桁架梁。实腹梁构造简单、施工方便，适用于小跨度桥梁；空腹梁对材料的利用率更高，适合中大跨径的桥梁；桁架梁则多为钢结构，跨越能力更大。

按照主梁的受力特征，梁桥可分为简支梁桥、连续梁桥、连续刚构桥和悬臂梁桥等。见图 3-4。

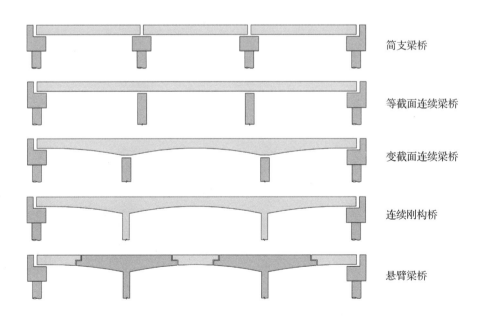

图 3-4 梁桥的分类

图 3-5　刚构桥桥型示意图

刚构桥的梁与墩之间不设支座而是直接采用刚性连接的方式，为多次超静定结构，如图 3-5 所示。刚构桥因桥墩和主梁刚接，主梁上的弯矩能够传递到桥墩上，桥墩和主梁共同受力。当桥墩较柔的时候，桥墩能够有效释放主梁弯矩产生的内力，桥墩较刚则会对主梁产生不利影响，故而刚构桥多采用薄壁高墩以降低桥墩的刚度。

2. 拱桥

拱桥（archbridge）是以拱圈的受压为主要受力模式的桥梁。拱圈为向上凸起的曲面，上部荷载的力通过拱圈转化为沿拱轴线方向的压力，如图 3-6 所示。拱圈的根部即拱脚对于地基除了竖向的压力外，还有沿水平方向向外的推力，拱圈越坦，水平推力越大，对基础的要求也就越高。

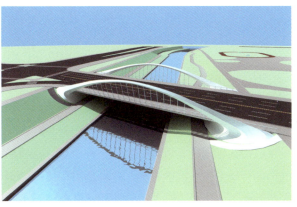

图 3-6　拱桥桥型示意图

无推力拱是在拱脚之间设纵向的联系杆件，通过纵向联系杆件抵抗拱脚的水平推力，从而使拱的受力达到平衡，而对拱桥的基础则只产生竖向力不产生水平力，故而可以有效地减小下部基础的工程量。这种桥型因拱脚间设置联系杆件而称为系杆拱桥。系杆拱桥的跨越能力大，适应性广，在世界各地最为常见。

3. 悬索桥

悬索桥又称吊桥（suspension bridge），是悬挂的缆索或钢链作为上部主要结构承重构件的桥梁，如图3-7所示。悬索几何形状为悬链线，缆索与桥面系之间可通过吊索相连，也可直接在悬索上铺设桥面。悬索桥是目前世界上跨越能力最大的桥梁形式，拟建的张靖皋长江大桥主跨达到2300 m。

图3-7　悬索桥桥型示意图

现代悬索桥的悬索锚固在山石之间或锚碇之上，主要由悬索、索塔、锚碇、吊杆、桥面系等部分组成。从形态上悬索桥和拱桥是一对相反的镜像曲线，缆索和拱肋都呈悬链线形，缆索和拱肋的受力相反，缆索只承受拉力。

自锚式悬索桥是近年兴起的一种桥型，是将悬索桥的主缆锚固在主梁的两端，通过主梁自身的结构性能抵抗主缆的拉力。这种桥型可以不设地锚，减少占地与锚碇工程量，同时可以提高主梁的刚度，该体系一般多在100~300 m跨径的中小型城市悬索桥中采用。

4. 斜拉桥

斜拉桥（cable stayed bridge），通过从桥塔上锚固的斜拉索为桥面系提供支撑力，比梁式桥的跨越能力更大，是大跨度桥梁的最主要桥型之一。斜拉桥主要由桥塔、主梁、斜拉索等组成，斜拉桥一般为自锚体系，斜拉索产生的水平力由梁承受，竖向力则由塔承受。索塔型式一般有A型、倒Y型、H型等。拉索布置有单索面、双索面、空间索面等多种形式。当前世界斜拉桥跨径已经进入千米级，中国苏通大桥是世界上第一座千米级跨径的斜拉桥。

近年来，斜拉桥桥型在城市桥梁中的使用比较普遍，其桥塔和索面设计多样，兼具结构功能和景观造型，譬如独塔马鞍形交叉索面斜拉桥。图3-8为东南大学景观桥梁创作设计团队设计的斜拉桥代表性案例。

图 3-8　斜拉桥桥型示意图

5. 桁架桥

桁架（truss）是一种由杆件彼此铰接而成的结构，桁架杆件主要承受轴向力的作用，能充分发挥材料的强度，因此杆件尺寸相对较小，在跨度较大时可比实腹梁节省材料、减轻自重和增大结构刚度。

桁架桥不是基本桥梁结构体系，而是一个独特的分支，它有自己的受力特点，但在体系上需要依附于四种基本桥梁体系而存在，如桁架梁桥、桁架拱桥，以桁架的形式替代箱型或是板型结构断面的形式。

桁架结构杆件轻巧，但桁架的整体建筑高度相对于箱梁要大得多，故而桁架桥通常选择桥面从桁架中穿过的中承式或下承式布置方式，又或者选择双层结构，这样可以更有效地利用结构空间，进一步释放桥下净空。

3.2　结构体系设计创新的技术路径

3.2.1　结构体系的组合与协作

桥梁根据结构形式和传力机理，主要分为如下类型：梁桥、拱桥、斜拉桥、悬索桥、桁架桥等。由于景观桥梁建筑造型、结构功能的需求，也得益于设计方法和计算水平的提高，出现了"梁+拱""梁+斜拉""桁架+悬索""拱+悬索"等不同结构体系协作受力的新形式，不同结构体系的组合有竖向的联合，也有纵向的协作，从而促进了结构体系的变化和创新；由于结构体系的创新，才出现了丰富多样的桥梁形式。如图 3-9 设计案例。

图 3-9 结构体系组合与协作设计案例

在桥梁总体基本确定的前提下,构思桥梁方案需综合考虑空间造型、结构体系和杆件形式等因素,各个环节相辅相成且互相制约。优秀的桥梁方案往往在矛盾、取舍、平衡、突破的设计过程中诞生。

对于组合协作体系,不同结构体系的参与程度可由不同体系的刚度比和连接构造自动分配承担荷载的大小,也可由设计师主动控制吊杆、拉索的刚度及受力从而调整不同体系的承载比例,合理地分配成桥状态的结构受力范围,从而确保多结构体系联合受力的可靠性,使结构构件的刚度和尺寸得到较好的控制。如图 3-10 所示桥梁案例。

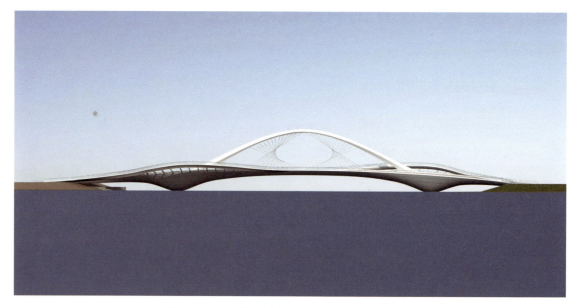

图 3-10 东莞龙涌河人行桥拱、梁联合体系设计案例

3.2.2 结构构件的选型与连接

有些景观桥梁在设计时，需对基本的构件形式（如塔、拱、桁架、拉索、吊杆）等进行灵活选择或重新塑构，根据结构总体尺寸及基本受力状态，对结构形式和体系进行选择和优化。相同的结构类型内部也有不同传力模式，譬如钢桁架形式，可选择矩形、三角形或者拱形桁架；桁架腹杆杆件布置也有多种，如N型、V型或X型等，或仅在受力较大区域布置腹杆；甚至会考虑空间特别纯粹的空腹桁架形式，或者弯扭型空间桁架形式。设计师需认真考虑结构是否实现建筑设计的意图和效果、结构与建筑是否达到了和谐统一，这是结构设计的意义所在。如图3-11所示。

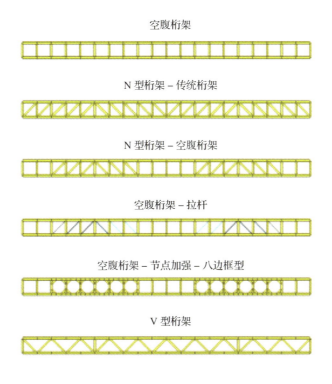

图3-11 钢桁架结构腹杆布置的多种形式

在结构选型和杆件布置基本确定后，需对构件形式、截面选择、材料选用等进行设计，结构力流通过"杆件"传递，所以杆件刚度的强弱和连接方式对整体结构的传力影响很大，因此要合理选择杆件截面的形式和尺度，并对其受力进行设计控制，以实现安全和美观的双重目标，如图3-12所示。

图 3-12　结构截面形式的选择

景观桥梁更加注重人性化、细节化设计，结构构件的线形、断面选择都需综合考虑构件结构甚至是构件断面内部的传力规律，更加注重结构形式的表达，结构合理和形式优美均为重要的设计目标。

图 3-13　结构的节点构造表达

构件的连接形成节点，根据力学模型的计算假定来设计节点构造，做到构造和力学模式相统一。节点是建筑构件转折、连接的表达，需要通过合理又创新性的设计，给人耳目一新的感觉。如图 3-13 所示。

3.2.3 结构力流的分析与应用

作用在结构上的荷载在结构内部的传递和分配就像河道中的流水一样，顺势而动，连续自然，从而形成力流，如图3-14所示。结构力流按照结构的构成与特征选择合适路径，进行传力和分配。结构力流分析为探寻以结构受力本原为基础的结构形式创新提供了一种新思路。

结构力流理论关乎结构体系、杆件布置、节点形式，关乎杆件内部的板件、钢筋骨架，节点的刚度和构造。工程师应从整体到节点、宏观到微观，在平衡合理性、规则性、加工便利性的基础上，进行结构体系、形式、力流路径的设计，这也是结构设计的趣味性所在。荷载如何传递给梁、柱、基础，如何在梁内各板件内分配，均与形式和刚度相关。

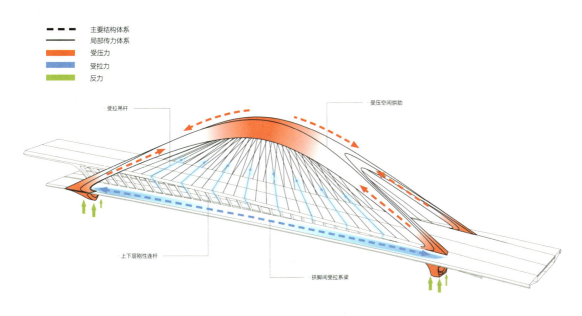

图3-14 结构的力流传递

桥梁结构设计中，主要解决竖向承受恒载、活载、沉降和水平抗风、抗震、温度等两个方向的作用。竖向荷载通过主梁传递给墩、拱、缆、塔等构件，然后传递给基础，形成了最直观、最主要的桥梁结构的类型。相同的桥梁结构类型，传递不同种类荷载的力流路径又有较大的差别，形成了更多种类的结构体系。

比如拱桥，可通过控制吊索力从而控制梁、拱承担传递恒载的比例；活载则可基于拱、梁的竖向刚度进行自动分配，分为不同的拱梁组合结构体系。对于梁桥，连续梁体系和连续刚构体系承担水平抗风、抗震、温度等不同的荷载时，其结构力流路径则有较大的不同。

力流在传递过程中，主要受结构外部边界条件、杆件刚度及连接形式等因素影响，力流是按板件形式和刚度进行传递分配的。运用结构力学的力流理论，可为景观桥梁的结构体系创新提供科学、合理且灵活的设计思路。

3.3 景观桥梁结构体系总体线形美学设计原则

3.3.1 平面总体布局设计原则

桥梁自古是和"景"紧密相联的，人们从视觉审美的主观满足出发，希望桥梁是可"观"之"景"，致力于营造桥梁本体"景观"或以桥梁为主角（或配角）的"风景"。景观桥梁不能仅仅局限于桥梁本体，还需要放眼于更大范围，考虑与自然环境、人工环境及由此体现的物质功能的和精神因素的全部系统，保持景观系统结构的完整性。正如美国桥梁景观学家弗雷德里克·戈特莫勒（Frederick Gottemoeller）对桥梁景观定义，平面总体布局是桥梁景观的重要一方面。

景观桥梁平面总体布局是在保证与自然环境协调和景观系统完整性的基础上，确定桥面层的桥位和桥轴线形、桥宽、桥头引道布置；河岸面层的桥下生物流通道、河岸整治、桥头空间布置及观景点设置等。为确保上述相关部分的合理位置和平面形态，力争功能、生态、环境、美观等多目标的统一，其布局基本原则如下：

1. 安全至上，功能第一

结构安全和交通顺畅是桥梁基本功能要求，各项布置须符合有关技术规范的要求，在此基础上统筹考虑总体布局。

2. 景观生态系统完整

生态系统关系到人类的生存条件，景观桥梁平面总体布局应在景观规划的基础上，采取设置生物流安全廊道、保护环境和生物栖息地、防止植被破坏和水土流失等措施，维持完整的景观生态系统。

3. 景观布局协调统一

景观桥梁平面总体布局不是孤立地布置不同的景观元素，而是以尊重自然为基础，全面考虑功能、环境、美观等的协调布局，追求多目标的整体优化。

3.3.2 桥梁轴线与平面形态设计原则

在符合路线大方向的基础上，桥轴线一般应尽量选用与所跨越河流的水流方向或道路行车方向垂直的直线，利于缩短桥长和桥下通航（或通车）。为保证行车舒适，桥轴线的平面线形要素，如平曲线半径、缓和曲线参数、转角点位置等均应与桥头引道线形要素保持一致或顺畅衔接。因而其形态可能是曲线形或与所跨越河流的水流方向或道路行车方向斜交，或从实际交通需求出发，将桥轴线设置为曲线形等。尤其对于人行天桥，其平面形态需结合城市道路交叉口的空间形态特征进行灵活布置。无论桥轴线是直线还是曲线、正交还是斜交，均须满足地质、水文和路线衔接等方面的技术规范要求，同时还要服从总体布局美观的需要。

1. 以美学为基点的桥轴线选择原则

美学中,线是有情感的,不同的线型有不同的表现力,会给人带来不同的感受。直线给人以严谨、刚直、明快、有力的感觉,曲线给人以轻松、柔和、优雅、流动的感觉,而折线则给人以动感、节奏、躁动的感觉。线型美是一切造型美的基础,下面以美学为基点来说明桥轴线选择需遵循的两大原则。

（1）环境融合原则

若桥梁位于公共绿地或公园内等较为生态的环境中,桥轴线可采用舒缓情绪的曲线,以营造休闲惬意的氛围。若桥梁位于高楼大厦为主的商业区,桥轴线可选用简洁大气的直线,以与时尚风格相协调。环境融合的设计案例见图3-15、图3-16。

图3-15 十字交叉形桥——如皋十字桥,体现了桥梁与两河相交水环境的融合

图3-16 半环形的桥梁以优雅、飘逸的平立面曲线展示桥位区时尚、休闲的滨水城市风貌

（2）桥梁群协调原则

同一条河流或跨越同一条道路上的多座桥梁，如距离较近时，宜采用大致统一的桥轴线型。对于相邻或并列的桥梁，应确保桥轴线型完全一致，这样在透视下，不会产生视觉紊乱。

2. 桥梁平面形态分类

桥梁平面的形态主要决定于桥梁轴线形态及其布局形式，由此可对桥梁平面形态进行如下分类：

（1）直线型桥面

整体型桥面——全桥统一的直线形轴线。

水平分离型桥面——上下行为两座桥，其轴线水平分离，为相互平行直线。

上下分离双层桥面——上下两层桥面，其轴线上下全部平行或部分平行。

高低交叉型桥面——一般用于人行桥，上下两层桥面在桥中段一定范围内交叉，上层行人可转至下层，下层行人可转至上层。

（2）曲线形桥面

整体型桥面——全桥统一的曲线形轴线。

水平分离型桥面——上下行分成两座桥，其轴线为水平分离、相互平行的曲线。

平面交叉型桥面——X形桥面。

（3）折线形桥面

一般为整体型桥面，用于人行桥，全桥为单一折线形轴线。

（4）其他桥面形态

城市人行天桥根据跨越的道路数量、方向及实地空间条件构成，桥面形态多样，如O形、T形、X形、S形、L形、Y形、∏形、一字形、三角形、口字形、海星形等，具体依据环境条件而定。

Chapter 4

第 4 章
景观桥梁结构体系
创新设计方法

结构实现是景观桥梁设计中最重要的环节之一，不仅需要考虑结构受力的合理性，还需要符合景观和美学的要求。

空间异形结构是中等跨径景观桥中经常出现的结构形式，也是景观桥结构表现理念的重要组成。丰富的空间造型为桥梁结构的美学文化表达提供了无限的可能，同时对结构设计提出了更高的要求。

针对景观桥梁异形空间结构的构型原理、体系设计和赋形方法展开技术研究，可以为打通美学文化创意向结构赋形实现之间的技术隔阂提供切实有效的研究路径和分析方法。

结构体系的研究分析应该先于结构计算。体系是基本力学性能的反映，体系的传力效率、传力路径和传力机制均是指导后续结构模型精细化的基础。因此，有必要对景观桥梁进行结构体系的各种试算，甚至可以借助理论求解方法与有限元方法进行比对，多角度论证结构体系的可行性和可及性。

4.1 拆解集成的结构体系设计法

景观桥梁的结构设计不是被动地为建筑造型、美学设计去实现结构可行，而是主动地去解决更深层次的问题。景观桥梁也要表述自己的结构理念、结构诉求和结构特点，在这里我们称之为结构表达。

在传统的土木行业中，建筑设计占据主导、结构专业在满足建筑需求的前提下去做结构配型几乎成了整个行业默认的工作模式。建筑方案先行，后以结构、水暖电等进行相关专业的配套化设计。然而，景观桥梁拆解集成的结构体系设计法的创新思想则强调采用主动的结构表达思想来完成结构体系的设计和分析，即将高层的、复杂的对象分解为较低层的、简单的对象来处理，而后再将各种简单的对象进行系统性的整合，合并为可以被结构设计指标所接受的合理化结构模型。

4.1.1 方法原理及工作流程

拆解集成的结构体系设计法是一种有效的景观桥梁结构体系研究分析方法。该设计方法首先要确定结构的本质模型，如果本质模型存在非常规的结构形式或组合，则需对本质结构模型进行拆解，得出基本结构类型；然后从基本结构类型中溯本求源，找到对标的常规结构类型，再根据常规的结构去评估新结构类型在承受各种荷载方面的结构性能。最后一步步逼近对标结构的设计指标，得到结构的合理化模型。其工作流程见图4-1。

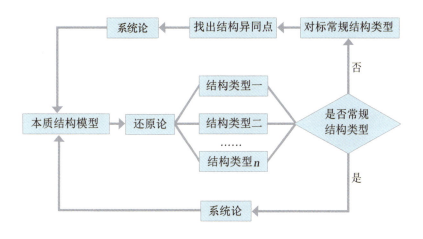

图 4-1　拆解集成的结构体系设计法工作流程

4.1.2　案例：长三角一点方厅水院步行桥

长三角一点方厅水院步行桥是典型的新中式建筑，二重檐、坡屋面、斗拱木构架，连接三省一市的主展馆，以通行和观光功能为主，展示中国古典建筑的细腻和深远。（图 4-2）

图 4-2　长三角一点方厅水院步行桥案例

该项目为主跨 130 m 的人行桥。桥梁若采用传统的桁架结构，所需要的桁高为 13 m，而项目的屋架高度虽高，但其更着眼于建筑景观设计，并不能作为有效的结构高度，结构实际有效桁高仅为 9 m，因此结构体系设计上需要构思一种既能够满足建筑尺度又符合受力需要的结构体系。如何从桁架结构入手，运用各种构件布设改善空腹桁架的受力性能，是此项目进行结构体系设计的重点。

横断面设计上,本项目采用高低屋面的形式。人字形坡屋顶虽然屋脊梁的位置较高,但是由于位于两榀桁架的中间位置,传力不直接,无法作为主要受力构件。因此,该建筑造型从受力机理上为"两片桁架结构受力为主、斗拱结构受力为辅"的组合结构,而屋脊梁和屋面横梁仅传递屋面荷载和承担横向联系作用。桥面横梁起到传递桥面荷载的作用,桥面纵梁和斗拱结构(纵横叠梁)则作为桁架的下弦部分协助桁架受力。

长三角一点方厅水院步行桥结构,经过去繁就简,实则就是"空腹桁架+纵横叠梁"的三跨连续协作体系。其结构模型见图4-3、图4-4所示。

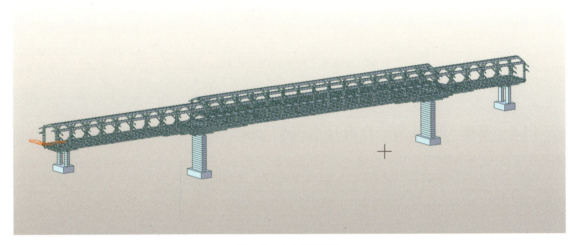

图4-3 真实结构模型

图4-4 本质结构模型

本案例在基本结构类型方面被拆解为空腹桁架和纵横叠梁两种基本类型,下面分别对其进行受力分析。

1. 基本结构类型一：空腹桁架（图 4-5）

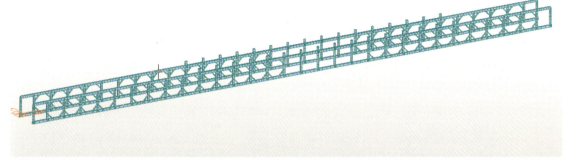

图 4-5　基本结构类型一——空腹桁架

空腹桁架没有斜腹杆，所以抵抗竖向变形的刚度主要来自直腹杆和弦杆的节点连接刚度，而节点连接刚度主要由梁柱线刚度比提供。在方案初拟阶段，对不设斜腹杆的空腹桁架结构论证表明其难以承受巨大的竖向荷载。

先以空腹桁架作为基本结构类型（图 4-6），对标常规桁架，做出体系评估结论，并以此为依据对空腹桁架基本结构类型进行适当改良以获得可靠性能（图 4-7）。

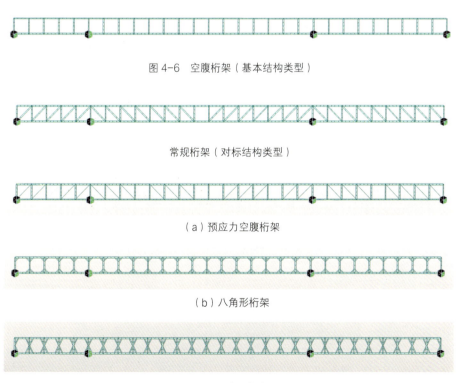

图 4-6　空腹桁架（基本结构类型）

常规桁架（对标结构类型）

（a）预应力空腹桁架

（b）八角形桁架

（c）六角形桁架

图 4-7　三种改良的空腹桁架

预应力空腹桁架改良方式：设置预应力拉索充当斜腹杆，以高强材料减小构件断面尺度的方法，从视觉上弱化斜向构件。体系研究中采用直径10cm的预应力高强钢丝束代替80cm的斜腹杆构件，该方法可有效抵御竖向变形，增强结构的承载力。但是新体系存在以下两个问题：其一，由于结构需承担非常大的竖向荷载，使得叉耳固定的斜拉索在预张拉和二次张拉调索时，很难实现精准性和可控性，施工难度大。其二，在视觉上，结构的斜向构件虽然弱化但依然存在，这种偏向近现代工业风的结构形态与项目总体建筑设计理念并不相符。因此，需要寻找其他更为适宜的结构改良措施。

角撑空腹桁架改良方式：角撑是结构设计中用于加强框架水平和竖向刚度的重要手段，其实质是通过将弦杆和直腹杆间的节点进行刚度增强，改善节点区的转角变形以提高结构刚度和承载力。因此设置角撑是满足空腹桁架结构性能改良要求的一种有效措施。在建筑表现上，可采用八角撑或六角撑形式，其形态与中国建筑中的八角门、六角窗等古典传统建筑元素非常契合，也与项目总体建筑设计理念相符。

八角门的建筑寓意：多重四边形中的八边形结构，构成四个三角，结构丰富，增加了进深，更具透视感，由中国古典园林内八角门中的八角为圆形与方形组合演变而成。（图4-8）

在中式园林中，院墙是景区和空间常用的分隔手段，墙体设置简洁而直径较大的圆洞门和八角洞门，可在不同的空间与景区间形成联通状态。明代成书的《园冶》中提到"八方式，斯亦可为门空"，可见八角门自古以来就在园林中多有采用，它体现了实用与审美的结合。另外，中国文化非常崇尚"八"，四象生八卦，世间万事万物均出自八卦之理，因而"八"被认为是一个属于天地根源的数字。"八"与"发"谐音，同时又寓意事业蓬勃发展、兴旺发达。

图4-8 苏州拙政园的八角门

六角窗的建筑寓意：六角窗——是窗也是画，是画亦是窗，中国古代园林建筑采用六角窗来借景的手法，实所谓巧而得体者也。六角窗应合"六六大顺"之意，六角形的"六"和又与"禄"谐音，象征衣丰食足、吉祥好运之意。（图4-9）

图4-9　苏州博物馆的六角窗

通过八角撑和六角撑的改良后，结构体系改良演变见图4-10，竖向刚度可由原来的1/8提高到1/2.9和1/1.7，结构的刚度性能显著提高，如图4-11。

在选择结构体系的同时，文化的表达与彰显也非常重要。建筑师认为，八角撑比六角撑在这个结构体系上更能展现出中华东方文化的魅力，由于"门"比"窗"的文化意蕴更加大气和丰富，因此最终决定选择八角门桁架形式。

即使选择了八角门桁架形式进行体系改良，但结构的挠度依然很大，设计上借助了结构类型二——纵横叠梁类型的贡献，有效提高了结构刚度，并使结构总体能满足设计要求。下面介绍叠梁的结构特点及其对结构的改善和优化作用。

2. 基本结构类型二：纵横叠梁

纵横叠梁结构（图4-12）是中国古代木结构桥为增加跨度而采用的一种结构形式。其从外形上更像是由古代的斗拱结构（图4-13）演化而来的一个分支。但与斗拱不同的是，斗拱的结构构件只承受轴力和少量弯矩，故传力效率较高，而叠梁则以构件的抗弯性能来抵抗外荷载，从受力本质上讲，并没有充分发挥材料的性能，通过简单的内力分析就能发现这一受力特点。计算分析表明，叠梁的刚度和承载力约为斗拱的60%。叠梁和斗拱的受力机理见图4-14。

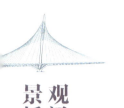

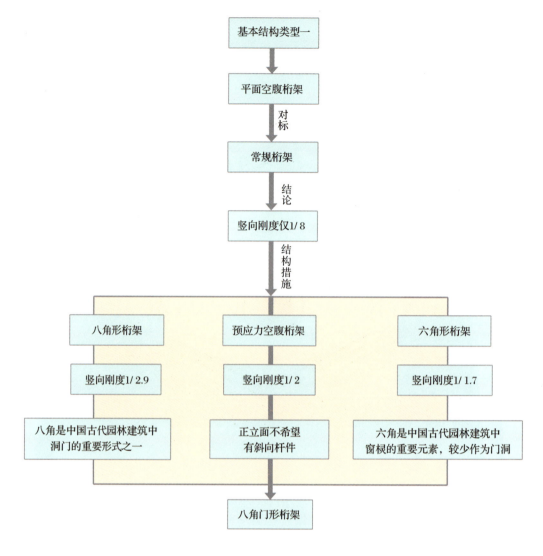

图 4-10　结构类型一——空腹桁架的结构体系演变方法

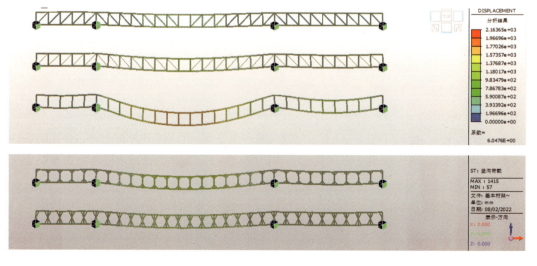

图 4-11　竖向变形云图

图 4-12 古建筑中的叠梁（黔江、柳州风雨廊桥的下部结构）

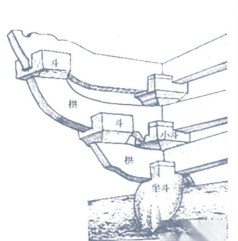 

图 4-13 古建筑斗拱的构件和典型的斗拱建筑

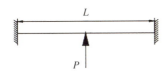 

（a）固端梁的内力图（轴力为 0）

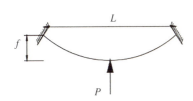 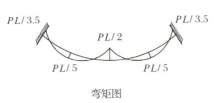 

（b）固端拱的内力图

图 4-14 叠梁和斗拱的受力机理图

本项目的纵横叠梁结构与世博会中国馆屋盖大悬挑结构有异曲同工之处。从力学角度看，斗拱优于叠梁，但是斗拱的结构高度偏高，且其构件为曲线形式，节点构造相对复杂，加工难度大，因而很少用于桥梁下部，而多用于屋盖这种对高度要求不敏感的建筑结构。（图4-15）

图4-15 世博会中国馆纵横叠梁形式的屋盖结构

叠梁结构的对标模型为变截面连续梁，其受力特征与连接间距、连接刚度、连接高度、叠梁层数及扩散角等结构参数密切相关，研究时需结合这几项参数进行响应分析，进而判断叠梁结构的合理化设计趋势。（图4-16）

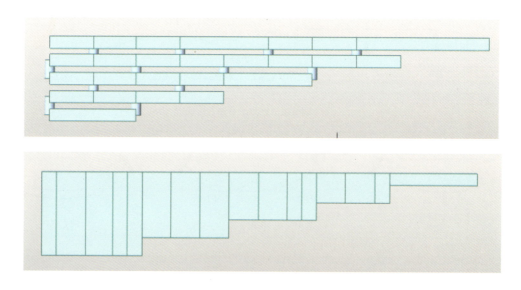

图4-16 叠梁模型及变截面连续梁模型（对标模型）

从受力本质上分析，叠梁较为接近截面突变的变截面梁，只不过是由离散化的小构件组成，随着连接间距的加密、刚度的增强，其与变截面梁的受力特性也越来越接近。以变截面梁的受力本质来类比评估叠梁，就可以理解叠梁层数增加和扩散角增大对整体叠梁结构刚度产生的增强效应。另外，叠梁的镂空率也是影响其与变截面梁受力差异的一个重要因素。总之，叠梁可以参照变截面梁找到基本受力特性的对应参数。

3. 多结构类型的集成化模型

将叠梁和八角门空腹桁架系统性整合后，可得到本项目的结构体系本质模型（见图 4-17）。通过计算，叠梁的参与提高了 40% 的结构刚度（见图 4-18），但还达不到同高度常规桁架的刚度水平，因此还需要通过其他措施去增大结构的刚度。这些措施有增加中纵梁，减小角撑在立柱上的间距，考虑桥面纵梁、桥面板、屋脊梁的存在，增加截面厚度等。综合优化后，结构的最终位移可控制在与常规斜腹杆桁架相当的水平之内，达到以结构体系的主动理性来控制结构响应的目的，最终推演出合理化的结构模型。

图 4-17 本质结构模型

图 4-18 有、无叠梁结构位移的对比云图

各类结构措施的结构贡献见表 4-1。

表 4-1　各类结构措施的结构贡献

结构措施	刚度增加（%）
加入叠梁结构	40
加入中纵梁构件	30
减小角撑在立柱上的间距（4.5～3 m）	24
增加中跨墩顶附近立柱的截面厚度（30～60 mm）	10
增加跨中上弦杆断面板厚（30～40 mm）	10
考虑桥面其他纵梁和桥面板的贡献	11
考虑屋脊梁的贡献	5
增加中跨角撑的截面厚度（30～50 mm）	5

4.2　多阶段迭代结构体系设计法

在景观桥梁设计中，不乏复杂的、异形的空间结构。多阶段迭代设计方法在进行复杂结构的受力分析伊始，首先要考虑的是结构的原本形态——即父代结构，并以它为基础衍生出其他派生结构——即子代结构。在演变迭代中父代有很多受力特点可"遗传继承"，但子代结构也有很多受力特点是父代结构所不具备的，这些产生了变化的结构特征，就像变异的基因，为子代结构带来新的力学机理。父子代结构性能的遗传与变异是"多阶段迭代"设计方法能实现结构优化赋形、理性选型的关键所在。

4.2.1　多阶段迭代设计法的工作路线

首先，根据异形空间桁架的建筑立意和方案造型，从结构受力的效率出发，提取最基本的结构形态；其次，建立基本结构形态的空间有限元模型，研究基本结构的各项受力性能，对结构物的强度、刚度、稳定性等关键结构指标进行评估；再次，对结构体的各项参数变量按需进行逐一赋值，重赋值的结构需进行合理化优选，以保证迭代后的结构都能满足结构指标的各项要求；最后，将结构体系按上述工作路线及结构设计目标逐级赋形迭代升级，最终得到目标结构体。具体的流程参见结构迭代赋形流程图。（图 4-19）

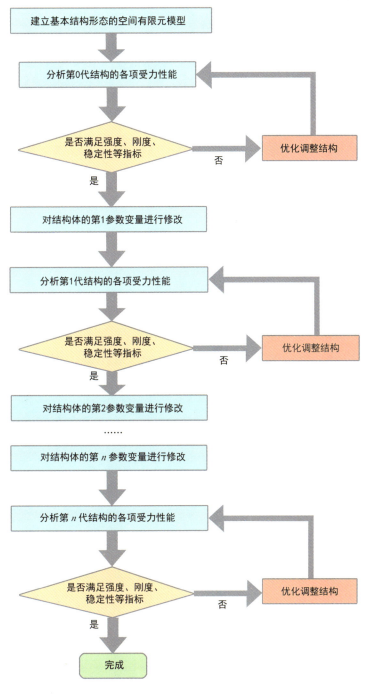

图 4-19　结构迭代赋形流程图

该结构迭代赋形工作路线是以"从简单到复杂、从一般到特殊"的认识事物客观规律为原则进行流程图构建的。

4.2.2　多阶段迭代设计法的技术路径

多阶段迭代赋形分析技术是一种思路清晰、简单实用的分析手段,可以作为设计人员在计算阶段的一种多角度验证的重要方法。首先需要透过现象看本质,找到结构最基本的受力模型,再根据最终的演变结果逐级变化各个参数，逐级迭代。从父代到子代的每一步迭代升级，都是在对父代结构充分认识的基础上去探索子代结构的特有性能。通过多阶段迭代优化，演变为所需的目标结构型。

1. 多阶段迭代法

结构迭代路线的目标由人设定，而迭代演变由人工智能模拟，该过程可称为模式演变，而从 0 代结构到最后的第 n 代结构，这样的演变路径其实有多条。从 0 代结构到最后的第 n 代结构，衍生出大量的中间过程模型数量，自下而上，呈现出一个中间大两头小的梭形特征。（图 4-20）

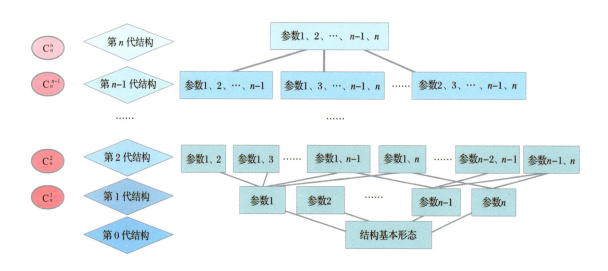

图 4-20　n 代结构迭代技术路径

2. 重要意义

该技术路径的优点如下：首先，与直接研究复杂结构本身相比，多阶段迭代法技术路径掌握了各结构参数对结构性能的影响程度，利于精准有效地调控数据并使之满足结构各个指标的要求，为现阶段复杂结构合理化设计提供了行之有效的实现路径。其次，在全枚举法中，通过对某一结构类型的多个分支进行系统而深入的研究，积累大量模型与数据，构建了该结构类型丰富、信息完备的数据库，从而为人工智能解决复杂结构的合理赋形问题奠定了良好的基础。

4.2.3　案例：反对称截面的环形交叉桁架

环形桁架结构具有良好的使用功能和视觉体验，广泛用于人行桥、场馆建筑等工程领域，是实际工程中常见的结构形式。然而，随着我国人民生活水平的提高，对景观的追求日益增强；同时，加工制造业的技术进步与革新，使得各种变高、复杂截面的环形桁架逐渐出现在了工程建筑中。下面就以这一结构类型从规则到不规则、从简单到复杂的演化背景为依托，从结构体系设计的角度，运用多阶段迭代设计法，去判别结构的各项受力性能。

结合第二章的空间桁架表达模型公式

$$f(t, ms, de) = t(tr, h) \times p(pl) \times S(se, to)$$

可知，异形空间桁架结构是由规则桁架结构通过改变结构参数（如高度、截面形式、中心线位置等）变化而来的。当子代结构的某个参数发生改变时，新结构的受力状态也发生了变化；当子代结构的某些参数继续和父代结构保持一致时，父代结构的很多优势性能也得以遗传和继承下来。

从对称截面的等高环形桁架到反对称截面的交叉变高环形桁架，需要从结构高度和结构断面两个主要参数入手，通过两次迭代演变完成。采用全枚举技术路径的实现方法，需要经过两条演变路径，每条路径两次迭代升级完成由第 0 代到第 2 代的结构转变，并在转变过程中需采用结构设计手段严控结构各项性能指标。

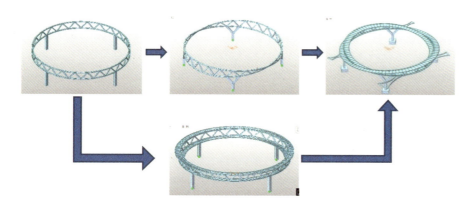

第 0 代（对称截面等高）→第 1 代（对称截面变高或反对称截面等高）→第 2 代（反对称截面变高）

图 4-21　环形桁架结构体系的逐级迭代升级图示

1. 第 0 代结构——对称截面的等高环形桁架结构

对称截面的等高环形桁架是最基本、最简单的环形桁架结构，截面为对称的 I 型，且上下弦杆互相平行。下面建立有限元模型来揭示这种简单环形桁架的受力特点，建立的桁架模型基本参数见表 4-2 和图 4-22。

表 4-2　桁架模型基本参数

跨径（m）	半径（m）	桁高（m）	上弦杆、腹杆、下弦杆断面（mm）	墩柱断面（mm）	材质	上弦杆均布荷载（kN/m）	单元长度（mm）
4×50	32	4.5	□ 600×600×20	□ 1500×1500×40	Q345qC	15	500

计算表明，结构的竖向刚度很大，竖向承载力很高，但是桁架上弦平面外的抗变形能力相对薄弱，计算数据和位移云图都表明了这一特点。见表4-3和图4-23。

基于以上结构的优势和劣势，未来在结构迭代升级的过程中，通过有意识结构参数调整，改进其劣势，同时还需注意保证其优势性能尽量得以继承延续。

表 4-3　结构分析数据结果

支反力（kN）	水平位移（mm）	竖向位移（mm）	墩顶上弦杆内角点拉应力（MPa）	墩顶腹杆下端内角点压应力（MPa）	第一阶屈曲系数	第二阶屈曲系数
753.9	9.5	13.3	33.3	−49.7	77.7	120.3

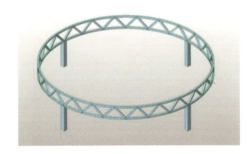

图 4-22　有限元模型及桁架断面

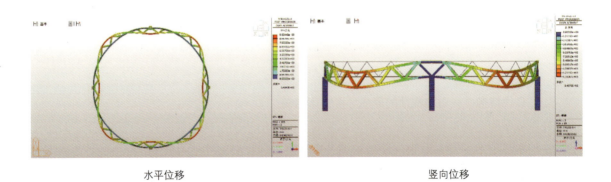

水平位移　　　　　　　　　　　　　　竖向位移

图 4-23　结构位移云图

2. 第1代结构（修改变量1——桁架高度）

变高交叉环形桁架是变高桁架中较为极端的一种形式，它的上下弦杆发生交叉，因此交叉点处的桁架高度为0。本节研究的交叉桁架，就是存在两个桁高为0的点。上下弦杆在交叉点处发生逆转，上弦杆和下弦杆的位置发生了互换。模型中通过修改桁架高度，将第0代结构改变成为高度沿着中轴线圆弧线变化的交叉桁架结构，高度由原来的等高4.5 m变为0~6 m的变高结构，而其余模型参数保持不变。（图4-24）

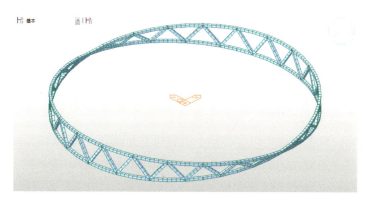

图 4-24 交叉桁架 MIDAS 有限元模型

（1）变高交叉环形桁架的结构特点与合理化选型

对于多跨变高交叉环形桁结构，由于其桁高在不断变化，因此需要寻找最佳的跨径组合，方能最大限度发挥结构的材料性能。根据桁架的布置形式，按照节间距离，建立如下 6 个不同支承位置的交叉桁架模型，如图 4-25。

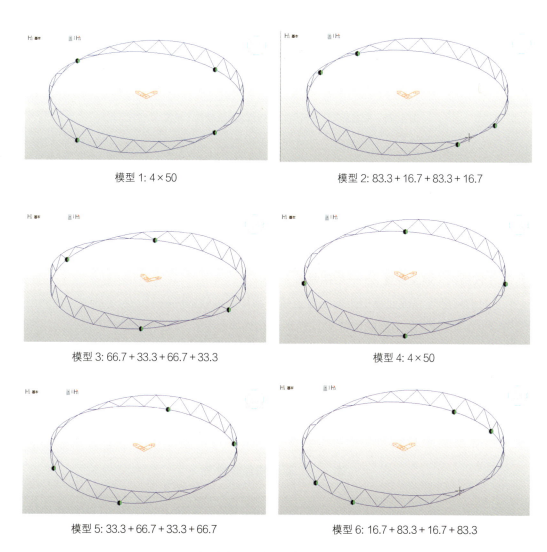

模型 1: 4×50　　　　　　　　　　模型 2: 83.3＋16.7＋83.3＋16.7

模型 3: 66.7＋33.3＋66.7＋33.3　　模型 4: 4×50

模型 5: 33.3＋66.7＋33.3＋66.7　　模型 6: 16.7＋83.3＋16.7＋83.3

图 4-25 交叉桁架不同跨径组合下的模型（单位：m）

通过对上述 6 个模型做加载分析可知，模型 1 和模型 4 的跨径布置结构受力性能更为合理；但模型 1 的支承条件差异化较大，且结构形态美感度稍差；模型 4 则存在交叉点处桥跨结构偏柔的问题。综合分析，拟在模型 4 的基础上进行结构优化，下一步考虑在下部设置 Y 墩，减小该跨实际跨径，以提高结构刚度和受力性能。

（2）变高交叉环形桁架的 Y 墩位置优选

在桁架下缘设置 Y 型墩可以实现每个桥墩两个支点的半刚性约束，从而减小桁架的计算跨径。通过斜腹杆布置方向的调整，可以建立两种墩中心距 50 m 左右的 Y 墩交叉桁架模型：模型 4-1 和模型 4-2。它们的跨径和模型图分别如图 4-26 所示。通过比选两种模型，来确定 Y 墩的最佳位置，使得交叉变高环形桁架的竖向刚度不被劣化。

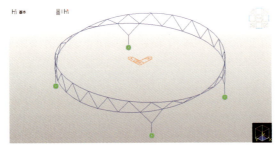
模型 4-1：54.17 + 45.83 + 54.17 + 45.83

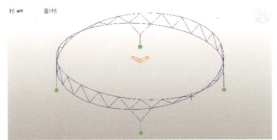
模型 4-2：4×50

图 4-26　变高交叉环形桁架的 Y 墩位置优选模型（单位：m）

结构分析表明，设置 Y 型墩不仅有效控制了结构变形，还显著降低了构件应力水平，极大提高结构的整体屈曲系数。其中模型 4-2 更具优势，虽然其应力、内力水平高于模型 4-1，但抗变形能力和抗屈曲性能都得到有效提升。

根据以上结论，模型 4-1、模型 4-2 均可作为下步迭代的备选模型，进行深入研究论证。

3. 第 1 代结构（调整变量 2——桁架断面）

I 型断面的环形等高或变高桁架均存在上弦杆水平刚度较弱的情况，为了加强构件的出平面外抗变形能力，设置上弦的横向构件和其他环向构件将是非常有效的措施。因此，对桁架的断面形式进行了扩展，按其几何特征分为对称型、非对称型和反对称型 3 类，其中 T 型、倒 T 型、工字型和 I 型为对称型，C 型为非对称型，Z 型为反对称型。Z 型和 C 型又有左右之分，而 T 型则有上下之分。新增构件参数见表 4-4，环型桁架主要断面形式见图 4-27。

表 4-4　新增构件参数表

挑梁断面（mm）	收边梁断面（mm）	收边梁偏心距（m）
H600-300×300×12×16	□ 300×200×16	4

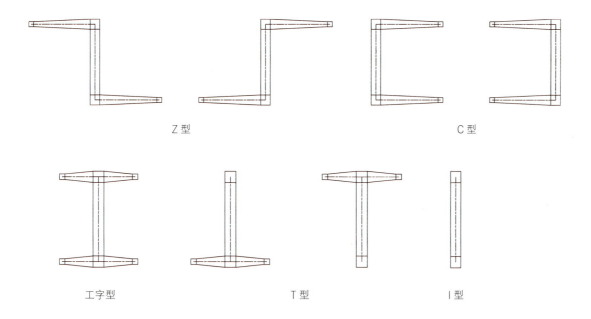

图 4-27 环形桁架主要断面形式

为了实现建筑要求的双层结构功能,建立工字形、Z型、内开C型和外开C型的环形桁架模型,定量判断上弦进行内外侧横向扩展后的结构性能变化。(图4-28)

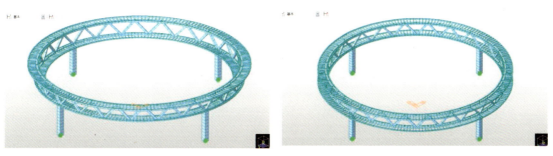

Z型断面等高环形桁架模型　　　　　外开C型断面等高环形桁架模型

内开C型断面等高环形桁架模型

图 4-28 双层环形桁架结构的经典模型

通过对上述几种模型的计算和比对分析,得到如下结论:

(1)构件挑梁和收边梁的布置对弦杆的水平面刚度和竖向刚度均有增大作用,布置在内侧比外侧更明显;

(2)Z型断面虽为反对称断面,但剪心和质心是重合的,因此其结构的抗扭能力比C型还强,可作为后续桁架结构赋形断面选型中的推荐形式。

4. 第2代结构(调整变量1和2——桁架高度与断面)

结合0代与1代高度、断面两种结构形式方向迭代演变的研究成果,可以进一步对环形桁架结构的形态进行再变形迭代,实现对图4-29中环形交叉建筑意象的结构赋形。前阶段结构分析表明:环形桁架结构要特别关注对边跨的平面外失稳模态和弦杆的内力水平;设置适宜的收边梁构件,并采用V墩支撑,可有效降低空间环形桁架的结构高度;环形桁架采用Z型断面兼具良好的结构性能和美学效果。

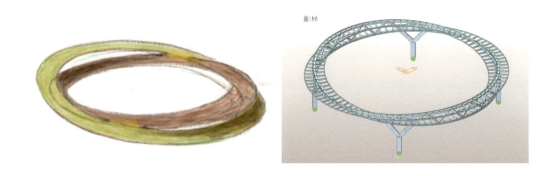

图4-29 建筑意向及对应的Z型断面变高交叉环形桁架模型

基于以上分析结论建立Z型断面变高交叉环形桁架模型,该模型的各项空间尺度均满足各向人行净空要求。

以上的迭代分析结果表明,Z型断面变高交叉环形桁架结构的强度、刚度和稳定性都比同尺度的等高桁架要好,这是因为Y墩的设置大大缓解了由于桁架高度减小带来的问题,而Z型的断面又增强了结构的水平刚度。结构从0→1→2的多阶段迭代升级中,由于充分挖掘了结构受力机理,结构构件潜能得到激发,结构的受力性能如抗水平、竖向变形能力等得到增强,有利于实现异形空间桁架结构的合理化赋形。见图4-30和表4-5。

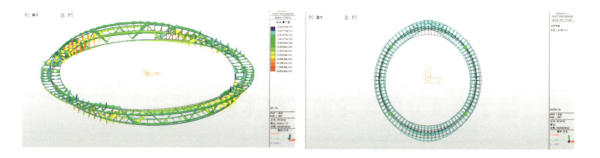

图 4-30　应力云图及屈曲模态

表 4-5　模型计算结果

模型	Z 型变高交叉
反力（kN）	428
桁架水平变形（mm）	39
桁架竖向变形（mm）	−64 ~ 29
线弹性屈曲系数	264
弦杆轴力（kN）	10%
拉力/压力（kN）	330/−280
交叉点处面内最大弯矩（kN·m）	160
应力水平幅值（MPa）	−88~55

4.3 基于刚度分配理论的结构体系设计法

结构的功能是用来传递荷载的,不同荷载传递路径的集合就形成了结构受力体系。对于桥梁结构体系而言,自重、二期荷载等竖向荷载针对不同的结构体系以不同受力模式呈现,如梁体系的力学特性是弯矩、剪力;桁架体系是拉杆、压杆传递轴力的模式;拱体系是压力为主、伴有弯矩;缆体系则仅传递轴向拉力,与缆索的几何形状有很大的关系。

结构体系联合构成是将两种甚至三种结构体系进行联合,发挥各自结构的受力特点和优点,由形态上不同的结构体系组合产生新的造型,从而达到创新的目的。采用结构体系联合可以有效减小结构变异所带来的安全风险和造价增加,尤其是在中等跨径范围内,结构体系组合有效地发挥出各自的结构性能,从而达到分担荷载的作用。单一结构体系本身的荷载被分担后,可以减小结构构件的尺寸,做到更多的变化和造型。

不同结构受力体系的有机组合会生成不同的结构形式,结构的内力分配是基于不同结构体系相对刚度下的分配理论。结构的整体刚度表现为不同结构体系有机组合后的刚度大小,成桥后的结构内力状态可由设计师主动控制,譬如拱梁体系桥可通过调整吊杆刚度(力)主动控制拱、梁的内力状态,活荷载作用下内力的动态分配则与各结构的相对刚度相关。

4.3.1 基于结构竖向刚度优化的结构体系设计

1. 拱、梁联合体系设计法

拱桥是变化最多的桥梁结构体系,新理论、新材料、新技术、新工艺的出现,更是推动了拱桥体系的发展,使拱桥结构形式千姿百态。在对现代拱结构受力规律进行分析研究的基础上,发展出了拱、梁体系联合受力的设计方法。该方法发挥了拱、梁各自体系的受力特点和潜能,从而达到减轻拱肋承载压力、优化拱肋造型的设计目的。见图 4-31。

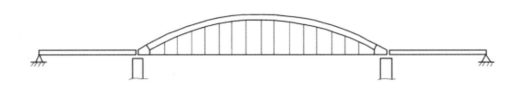

图 4-31 常规拱桥布置

常规拱桥以拱肋受压为主，桥面系为局部传力构件，这种结构体系的优势是受力明确，但其拱肋构件尺寸一般比较大，且断面以矩形、圆形为主，没有充分发挥桥面系构件在结构体系中的作用。见图 4-32。

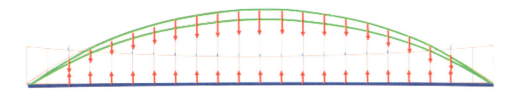

图 4-32　深圳前海 3 号桥拱、梁体系联合受力

拱、梁联合体系构成法则充分考虑拱桥建筑和结构的需求，对拱、梁体系联合受力特性进行详细分析，通过调整吊杆力对拱、梁受力分配进行主动控制以达到设计要求。

2. 拱、梁联合受力分析

拱、梁结构体系联合受力是将拱、梁结构形式进行组合，发挥各自结构的受力特点和优点，在形态上由不同形式的组合产生新的造型，从而达到创新目的。

采用结构联合受力，可有效减小结构变化产生的安全风险，并降低造价。对于中等跨径桥梁，拱、梁组合可有效发挥各自结构性能，达到分担荷载、减小结构尺寸的作用。例如拱、梁组合结构可减小拱肋荷载，利于拱肋形态的打造和拱曲线优美的表现；同时，拱肋又可减小梁体建筑高度，使梁产生轻盈的美学效果。

深圳前海 3 号桥采用简支拱梁组合体系钢桥，一跨跨越前湾河水廊道，计算跨径为 155.5 m，桥梁宽度为 46.5 m。图 4-33 为拱、梁体系的受力情况。

从图 4-33 拱、梁体系受力规律及结构分析可知，本桥结构受力以拱体系为主，梁体系也会辅助承担部分荷载。从竖向承载比例来看，拱体系承担约 80%，梁体系承担约 20%。见图 4-34。

拱、梁体系承担荷载的比例是依具体情况而定的，最经济的设计方案能使梁和拱的承载能力均得到充分发挥。当梁较柔、拱较刚时，拱会承担大部分荷载，其受力行为接近于常规拱桥；当梁较刚、拱较柔时，梁则会承担大部分荷载，其受力行为则接近于梁桥。拱、梁联合受力的优势就在于它能充分发挥梁和拱的结构优势，从而使结构的经济效益最高。

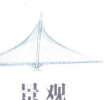

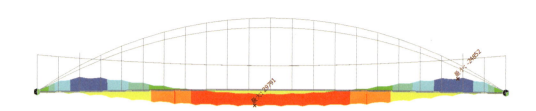

最不利荷载组合作用下,主梁弯矩包络图

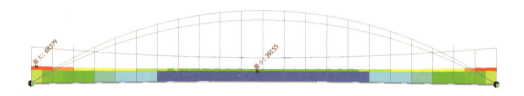

最不利荷载组合作用下,主梁轴力包络图

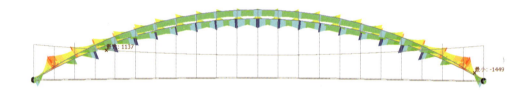

最不利荷载组合作用下,主拱弯矩包络图

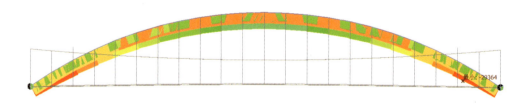

最不利荷载组合作用下,主拱轴力包络图

图 4-33　深圳前海 3 号桥主梁、主拱结构受力云图

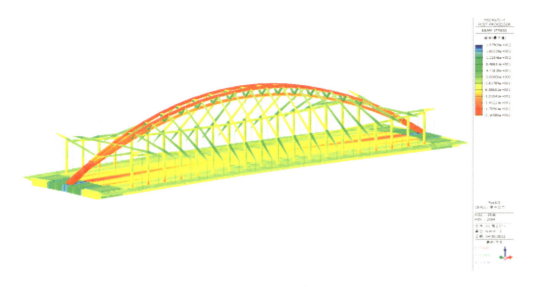

图 4-34　深圳前海 3 号桥梁、拱组合体系钢结构应力云图

威海石家河大桥主桥设计运用了拱体系辅助梁体系受力模式（图 4-35），既充分利用了变截面 PC 连续箱梁的承载优势，减轻了多肢拱肋的受力压力，在保证大桥结构安全性、经济性的同时，使拱肢优美轻巧的建筑造型得以实现。（图 4-36）

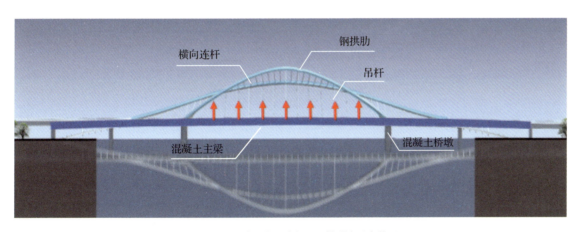

图 4-35　威海石家河大桥梁、拱联合受力体系

图 4-36　威海石家河大桥有限元模型

威海石家河大桥结构设计以桥面系 PC 箱梁为主要承重体，多肢钢拱为辅助承重体，通过调整吊杆受力实现结构设计。主梁具有较大刚度，吊杆对主梁形成弹性支承，竖向荷载由主梁和吊杆共同承担，结构以主梁受弯、受压和吊杆受拉为主。

在自重及二期荷载作用下，不设吊杆及拱肋的同等跨径连续梁主跨跨中最大弯矩为 366422 kN·m，而该桥主跨跨中最大弯矩为 192619 kN·m，即主梁本身承载了 55% 左右的荷载。由此可见，该桥结构为拱、梁体系联合受力，既发挥了主梁的承载能力（该桥主梁高度由横向受力控制）又减小了吊杆力从而减小拱肋受力，保证主拱造型符合结构受力要求。见图 4-37、图 4-38。

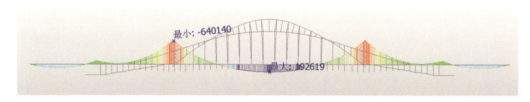

图 4-37　自重及二期荷载作用下主梁最大弯矩图（kN·m）

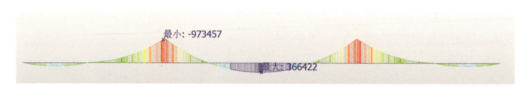

图 4-38　相同跨径连续梁自重及二期荷载作用下主梁最大弯矩图（kN·m）

这种梁、拱受力比例的分配可使得多肢拱肋更加轻盈，充分发挥主梁的承载能力，降低拱的承载负担。由此可见，拱、梁联合体系主梁及拱肋的尺寸需结合桥梁造型、结构形式等进行合理选择。

3. 拱、梁体系联合受力分类

设计时可根据梁、拱联合受力体系与单连续梁体系在竖向荷载作用下，主梁结构的跨中弯矩（连续梁含墩顶弯矩）或跨中挠度等主要技术指标的比值，来界定联合受力体系的类型。总结如下：

（1）梁体系承受规定的竖向荷载下的主要技术指标（跨中弯矩或挠度等）不大于 10% 时，可界定为常规拱桥体系，拱体系为整体受力结构，桥面梁为局部传力结构。常规拱桥大多为此种受力体系，受力明确，桥面梁的承载能力未充分利用。

（2）梁体系承受规定的竖向荷载下的主要技术指标大于 10% 但不大于 50% 时，可界定为拱梁组合体系，拱体系为主要受力结构，桥面梁体系不仅仅是局部传力结构，对桥梁整体结构受力有所贡献。此种体系以拱肋构件受力为主，桥面系也参与结构受力。

（3）梁体系承受规定的竖向荷载下的主要技术指标大于 50% 但不大于 90% 时，可界定为拱辅梁体系，桥面梁体系为主要受力结构，拱体系为辅助受力结构。此种体系拱肋构件为非主要受力构件，其尺度可设计地更为纤细，其形式选择相对灵活多变；桥面梁成为主要受力构件，其强度和刚度应满足结构实际受力需要。

（4）梁体系承受规定的竖向荷载下的主要技术指标大于90%时，可界定为常规梁体系，设计应按常规梁体系进行设计，拱构件可按建筑构件设计，主要维持自身结构安全，其对桥梁整体结构总体受力贡献小，设计时常常忽略不计。见表4-6所示。

表4-6 拱、梁联合受力体系分类

联合受力体系分类	规定竖向荷载作用下梁体系承受的比例 η（%）	结构受力特征
常规拱桥体系	$\eta \leq 10$	拱为整体受力结构，桥面梁为局部传力结构
拱、梁组合体系	$10 < \eta \leq 50$	拱为主要受力结构，桥面梁为辅助受力结构
拱、辅梁体系	$50 < \eta \leq 90$	拱为辅助受力结构，桥面梁为主要受力结构
常规梁体系	$90 < \eta$	拱为建筑装饰构件，桥面梁为整体受力结构

东南大学景观桥梁创作设计团队应用此设计分类建成的或设计完成的项目案例如图4-39至图4-42所示。

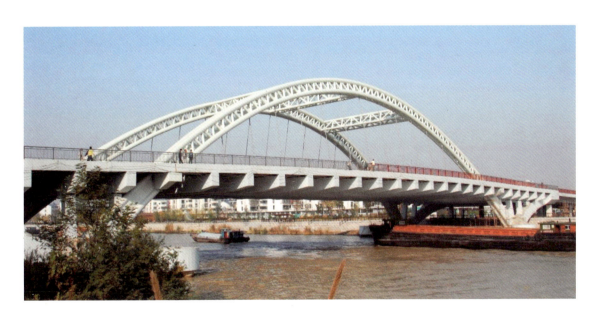

图4-39 常规拱桥体系建成案例——湖州溪家庄大桥

图 4-40　拱、梁组合体系建成案例——深圳前海 3 号桥

图 4-41　拱、辅梁体系建成案例——威海石家河大桥

图 4-42 梁体系拱形桥设计案例——青岛小麦岛入口桥

4. 其他体系的联合设计

（1）斜拉桥与梁桥联合

斜拉桥是一种由索塔、主梁和拉索三种基本构件及基础共同承受荷载作用的结构体系，拉索的竖向分力能分担主梁的荷载，水平分力可以给主梁提供预压力，锚固在主塔上拉索的竖向力通过主塔传递给基础。对于跨径不太大的斜拉桥，可以让拉索承担部分的竖向荷载，其余竖向荷载由主梁承担，形成两者的联合受力，实现索塔造型的轻巧与多变，给桥梁方案的创作拓展了无限的发挥空间。

成都锦江人行天桥主桥采用桅杆式斜拉桥，主跨 102 m，原方案由国外公司创作。桥型结构外形轻巧，从受力机理来看，结构更接近索辅梁桥。但是中间桅杆数量较多，拉索对主梁受力的贡献非常小，结构受力不太合理。（图 4-43）

方案优化的思路是提高斜拉索的效率，减少中间桅杆的数量，把主塔上的拉索在主梁上的锚固点尽量往跨中移动，并增大锚固索的索力，充分发挥锚固索的作用。经计算，在结构受力满足现行规范的前提下，17 根桅杆方案梁高需达到 3.2 m，优化后 8 根桅杆方案梁高为 1.7 m。见图 4-44、图 4-45。

将主桥桅杆由原先的 17 根优化为 8 根，使结构受力更加合理；经过桅杆间距和桅杆高度的调整，优化后桥梁的景观反而显得更加简洁、疏朗。（图 4-46）

图 4-43 成都锦江人行桥原方案效果图

图 4-44 原方案 17 根桅杆模型及优化后 8 根桅杆方案模型

图 4-45 成都锦江人行桥方案优化后效果图

图4-46 成都锦江人行桥成桥实景

斜拉桥的基本结构体系按主要受力构件塔、梁、墩的连接方式划分,可分为飘浮体系、半飘浮体系、塔梁固结体系和塔梁墩固结体系四类。其中,飘浮体系的塔墩固结,主梁在索塔处不设支座,仅在桥台或过渡墩、辅助墩上设置纵向活动支座。飘浮体系由于主梁与索塔之间不设置支座,可以简化桥塔与主梁之间连接构造处理。

江阴黄山路斜拉桥采用跨径为(30+100+88+30)m的斜拉桥,漂浮体系。桥塔为火炬造型的人字形塔,主梁和桥塔之间不设置竖向连接。(图4-47)

图4-47 江阴黄山路斜拉桥效果图

该桥主跨范围内主梁在辅助墩位置的竖向刚度相对较大，由于在桥塔处未设置竖向支撑，且又位于两个辅助墩之间梁段的中部，因而主梁的竖向刚度偏弱。（图4-48）

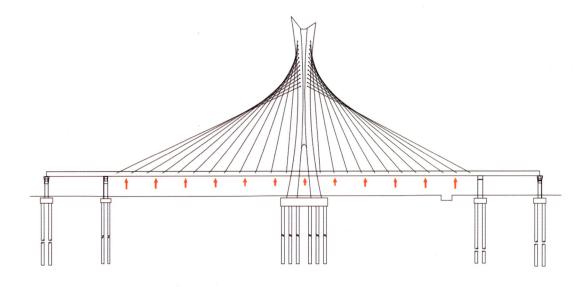

图4-48　主跨梁段范围内的主梁刚度分布（以箭头长度示意刚度变化）

斜拉索的竖向刚度与拉索的截面面积及竖向倾角有关，江阴黄山路斜拉桥采用相同规格的斜拉索，因此各拉索相对刚度仅与拉索倾角相关。由于设计采用的是空间马鞍形索面，因而距离桥塔越近的拉索，其竖向倾角越大，相应的竖向刚度也就越大；反之，距离桥塔越远的拉索竖向倾角越小，相应的竖向刚度就越小。对于主跨主梁而言，其越靠近主塔，其竖向刚度则越小。（图4-49）

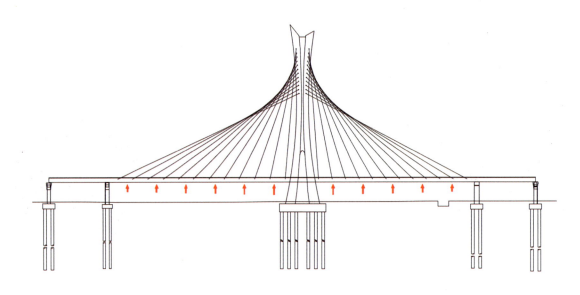

图4-49　斜拉索在主跨梁段范围的刚度分布（以箭头长度示意刚度变化）

由此可见，斜拉索的竖向刚度变化与主梁的竖向刚度变化正好互为补偿，使得两者叠加后的刚度相对均匀。因此马鞍形索面的斜拉索布置形式不仅受力合理，而且形态动感时尚，景观效果好，实现了桥梁建筑与结构、美学与力学的统一。

（2）悬索桥与拱桥的联合

悬索桥和拱桥是一对受力相反的结构，拱是轴向受压构件，在拱脚有水平向外的推力；悬索是轴向受拉构件，在索端有水平向内的拉力；拱向上拱起，悬索则向下垂，而两者的曲线线形均是悬链线形最为合理。

拱和悬索的结合正好可以相互抵消各自的水平力，又能发挥各自的承载能力，是一种理想的组合结构，但是桥面布置存在难度，需要设计师发挥想象力和创造力，目前的案例并不是很多。

以色列贝尔谢巴市的人行天桥，是一座连接大学和工业区之间的景观桥。其造型由拱和悬索组成组合结构，如同一只"眼睛"的轮廓。设计师巧妙地将桥面布置在悬索的中部，而拱和索的交点在桥面以上由两个张开的桥墩支撑。

图 4-50　以色列贝尔谢巴市的人行天桥方案

4.3.2　基于结构水平刚度优化的结构体系设计

1. 结构水平刚度对结构体系的影响概述

由于计算机水平及设计手段的进步，一些复杂的桥梁结构也可以设计出来。从结构传力路径上来看，超静定结构要优于静定结构。静定结构的传力路径是单一的，某一构件或局部节点发生破坏会导致整个结构传力路径失效，从而造成结构损坏或倒塌。而超静定结构，在超负荷状态工作时，破坏首先发生在冗余构件上，传力路径并未失效，仅仅是降低了超静定次数，整体结构仍然是稳定的，并具有一定的承受荷载的能力。从现代桥梁的结构设计理念来讲，桥梁结构希望有更多的冗余度，在极限荷载或长期使用时，某一传力路径上的构件有损伤或进入破坏模式时，有备用的传力路径可代替，使桥梁系统在某个构件丧失功能至相关部门发现损伤并采取处理措施（如限载、封闭交通、加固、重建）的这一时间段内，能有继续安全承担交通荷载的功能。结构的冗余度越多，即结构超静定次数越多，结构体系进入倒塌的过程就越长，结构安全越有保障。

譬如常规的多跨梁桥，从简化受力模式或计算准确度角度来讲，设计师会首选多跨简支或连续梁桥体系这种静定及超静定次数不高的结构，其对抵抗风荷载、地震作用这类水平荷载不利，同时由于支座、挂孔或梁铰等的存在，会降低结构局部的耐久性。相对而言，刚构体系或者刚构－连续组合体系就是一种比较好的结构选择。桥梁是暴露在大气中的狭长的结构物，温度效应和混凝土的收缩徐变效应也相对突出，刚构体系恰恰对此类非直接荷载很敏感，再考虑到桥梁基础刚度模拟的偏差，计算结果往往不满足规范的指标要求，需要设计师对结构和规范指标有综合的判别能力。

以年温差为例，一般假定温度沿结构高度方向以均值变化，结构在变形后仍然服从平截面假定。对于无水平约束的结构如简支梁、连续梁等，温度变化只引起结构的位移，并不导致结构产生次内力；对于有多余约束的结构如拱肋、框架等，温度变化既引起结构的位移，又因多余约束的存在产生结构次内力。对于坦拱或高跨比较小的刚构桥等，温度效应和混凝土的收缩徐变效应往往也会成为桥梁设计中的控制因素。（图4-51）

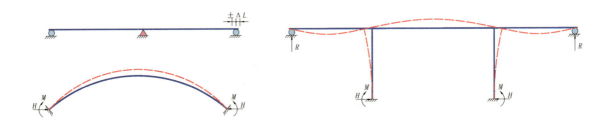

图4-51 温度对不同结构的影响

针对刚构体系超静定次数多导致次内力过大等问题，也可以通过优化传力路径上主要构件的刚度，减小温度或收缩徐变下的效应，以结构性能和耐久性等为综合目标，灵活地选择一些针对性的结构措施。

譬如，对于梁拱组合体系或V型刚构桥，水平刚度越大，温度效应和混凝土的收缩徐变效应也越大，对其水平刚度优化可取得显著的效果，可供选择的设计策略有：

（1）跨中设挂孔或铰：主梁轴向刚度不连续；
（2）拱梁相交前设牛腿：主梁轴向刚度不连续；
（3）设双薄壁墩：降低桥墩水平刚度；
（4）拱脚下设支座：优化为连续梁体系，减少超静定次数；
（5）承台设水平缝：优化为扩大基础＋板桩式基础组合，减少超静定次数。

设计过程中可根据桥梁具体情况选择合适的策略，可单独采用也可组合使用，例如：对于联长较长的桥梁可以优化为连续梁体系或者在联长中间设置铰、挂孔，减少体系超静定次数，对于联长较短的桥梁可以考虑优化基础刚度、桥墩刚度及主梁刚度。（图4-52）

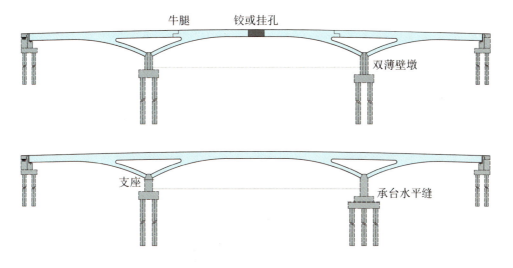

图 4-52 结构策略示意图

2. 上、下部结构连接方式优化措施的应用

上、下部结构的连接方式对结构体系的水平刚度影响很大，对其进行合理优化，可取得实用性、美观性、经济性三者在结构方案上的统一。河北白沟河特大桥为荣乌新线高速公路（京台高速至京港澳高速段）跨越白沟河的一座特大型桥梁，其中主桥全长 900 m，桥梁方案采用 13 连拱造型，上部结构采用多跨连续空腹式拱形梁体系，主桥分为 3 联，跨径布置为 60 m + (2 × 60 + 67.5 + 75 + 82.5 + 90 + 82.5 + 75 + 67.5 + 2 × 60)m + 60 m，其中第 1、3 联上部结构采用单跨简支预应力混凝土拱形梁体系，第 2 联采用 11 跨连续空腹式钢结构拱形梁体系，联长 780 m。（图 4-53）

方案阶段针对超多跨、超长联长连续桥梁存在的温度效应、地震作用过大等设计难题，对第 2 联采用多跨连续梁体系、多跨连拱体系 + 桥面牛腿、多跨连拱体系 + 跨中挂孔三种结构体系方案进行综合比较。

（1）多跨连续梁体系

结构为多跨长联连续梁体系，拱肢与桥墩之间设支座，支座位于洪水位以上，桥墩造型可包住支座，桥梁外形与连续拱体系完全相同。结构为多跨长联空腹式连续梁结构，结构新颖、受力合理，解决了连续拱体系次内力过大的不足问题；伸缩缝数量少，行车舒适性好；结构刚度较大，对桥下步道影响小；施工工艺成熟，工期适中；耐久性好，后期维护工作量较小。

（2）多跨连拱体系 + 桥面牛腿

结构为多跨连续拱体系，拱圈连续且与桥墩固结。在每跨梁拱相交区域设一个牛腿，释放温度引起的次内力。结构为连拱体系，需在梁拱相交区域设牛腿，牛腿结构复杂，耐久性较差；伸缩缝数量多，对行车舒适性有影响，对桥下步道影响较大；施工难度较大，后期维护工作量较大，支座更换难度大。

（3）多跨连拱体系 + 跨中挂孔

结构为多跨连拱体系，拱圈连续且与桥墩固结。在每跨或隔跨跨中设挂孔，释放温度引起的次内力。结构为连拱体系，需在跨中设挂孔，挂孔结构复杂，耐久性较差；结构总体刚度稍差，对桥下步道影响较大；伸缩缝数量多，对行车舒适性有影响；施工难度较大，后期维护工作量较大。

图 4-53 河北白沟河特大桥方案效果图

综合受力可靠性、结构耐久性、行车舒适性及桥梁建筑外形等因素,最终选择了多跨连续梁体系。结构分析见图 4-54。

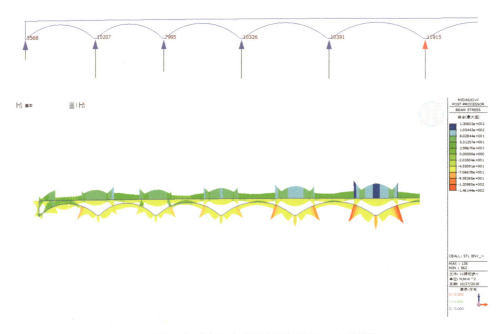

图 4-54 半桥反力(kN)及应力(MPa)计算结果

第 2 联共设 12 个桥墩，在 7# 桥墩处设置固定抗震球钢支座；根据抗震分析结果，为解决长联固定墩地震力大的问题，在 4#~6# 墩及 8#~10# 墩处设置矩形高阻尼隔震橡胶支座；长联端部支座位移量较大，高阻尼隔震橡胶支座难以满足大位移量要求，故在 2#、3# 及 11#~13# 墩处设置活动抗震球钢支座。由上述支座组成的支座体系使得全桥既能满足正常使用状况要求，又能满足地震作用要求。支座布置如图 4-55。

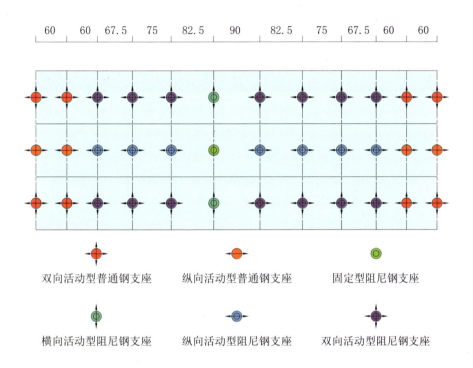

图 4-55 主桥第 2 联支座布置示意图（单位：m）

3. 基础刚度优化措施的应用

对于刚构结构，基础刚度在很大程度上决定了桥梁的纵向水平刚度，是该类桥梁结构体系合理化需要重点考虑的问题。扬州观潮路跨古运河大桥桥型采用上承式连续梁拱组合体系，跨径布置为（38+68+38）m，桥宽 30 m，两侧桥台附近设梯道与古运河两侧步行系统连接。主梁采用预应力混凝土箱梁，拱圈采用钢筋混凝土板拱，拱圈与箱梁及桥墩拱座固结，形成刚构体系，主梁在桥台处设置支座。（图 4-56）

图 4-56　扬州观潮路跨古运河大桥桥型夜景效果图

桥梁采用拱梁墩固结，与同等跨度连续梁或者 V 型刚构相比，既能很好地降低墩顶负弯矩，又能降低跨中正弯矩，且不需要设置大型支座，大大节约了支座制作和后期养护、更换的费用。主梁、拱圈以及基础是一个整体，抗震性能良好，地震时的地震力可以很好地分配到每个桥墩上。但其为多次超静定结构，受力较连续梁复杂，在预应力、支座不均匀沉降、混凝土收缩徐变及温度变化等的作用下，都会使结构产生很大的附加次内力，所以主墩必须具备一定的柔度形成摆动支撑体系。主墩基础刚度决定了桥梁的纵向刚度，主墩的纵向刚度越大，所受纵向力也越大。

大跨度连续刚构桥的桥墩通常设计成高墩。高墩具有较好的柔性，可以很好地适应结构由主梁预应力、支座不均匀沉降、混凝土徐变收缩以及温度变化等因素产生的纵桥向位移，使结构受力合理，但该项目为城市景观桥梁，受到桥梁设计高程的制约，且跨越能力又有要求，主墩处梁顶到基础顶面高度仅为 11.6 m，为主跨的 1/5.86。分析确定基础的合理刚度是该桥设计中的重要工作。

以多个基础比选方案中的 14 根双排直径 1.5 m 钻孔桩和 12 根双排直径 1.8 m 钻孔桩两个方案在年均温差荷载下结构效应为例，两个方案基础规模基本相当，但基础水平刚度相差约 24%，仅年升温荷载一项墩底弯矩相差 32%、拱脚弯矩相差 19%，调整基础刚度对墩底弯矩影响较大，14 根双排直径 1.5 m 钻孔桩明显优于 12 根双排直径 1.8 m 钻孔桩方案。如图 4-57。

图 4-57　基础方案对基础水平刚度的影响

4. 主梁轴向刚度优化措施的应用

轴向刚度比较小的主梁也可以适应一部分主梁在预应力、支座不均匀沉降、混凝土收缩徐变及温度变化等作用下的轴向变形，减小基础的摆动。构件轴向刚度为 EA，钢材的弹性模量 E 是混凝土的 6 倍左右，但通常钢梁截面积 A 要远小于混凝土梁的面积，综合下来钢梁的轴向刚度相对于混凝土梁的轴向刚度一般不会超过 50%。因此，采用钢梁作为桥梁上部结构，或者在桥梁上部结构中设置一段钢梁，形成钢砼混合梁，就可以大大减少桥梁的轴向刚度，降低纵向力效应的影响。

仍以上节扬州观潮路跨古运河大桥为例，将跨中 20 m 梁段由混凝土箱梁改为钢箱梁，钢箱梁与混凝土箱梁间设置钢混结合段。钢箱梁的轴向刚度 EA 是混凝土箱梁的 48.7%，升温荷载下墩底弯矩相差 15%、拱脚弯矩相差 38%。如图 4-58。

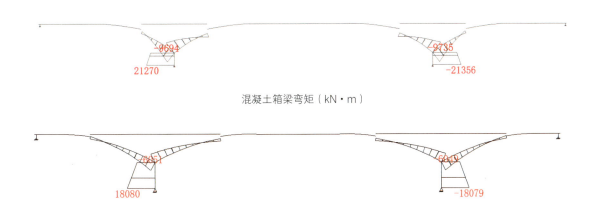

图 4-58 扬州观潮路跨古运河大桥结构方案

以上方案不改变结构的超静定次数，通过调整基础或者结构刚度来优化结构内力。若方案因其他因素影响，采用上述方法无法满足受力要求时，也可以通过减少结构超静定次数来进行优化，如在结构中设置铰或者挂孔，使结构纵向刚度不连续，释放预应力、支座不均匀沉降、混凝土收缩徐变及温度变化等作用下的轴向变形。但无论是设铰还是挂孔，都会增加构造的复杂程度以及运营期间养护的工作量。同时，主梁的不连续会导致伸缩缝数量增加，影响行车的舒适性。

安徽全椒吴敬梓桥的方案构思来源于传统的拱桥，桥跨布置为（21+64+21）m，但桥位处地质情况较差，无法承担拱桥结构过大的水平推力，因此，上部结构采用悬臂梁拱组合+中孔挂孔的结构体系，中跨组成拱形结构，该拱形结构跨径 64 m，矢高 6.4 m，矢跨比 1/10，中间挂孔长 12 m。悬臂梁拱组合体系主梁采用预应力混凝土箱梁，主拱及边拱均采用矩形断面钢筋混凝土构件，挂孔采用变截面钢筋混凝土简支箱梁。如图 4-59。

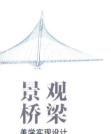
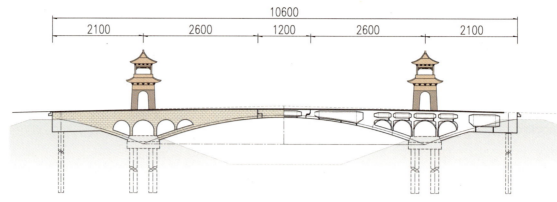

图 4-59　全椒吴敬梓桥桥型立面布置图（单位：cm）

4.3.3　基于结构刚度的施工过程内力调整

对于外部超静定的钢结构，有时为了使结构杆件内力不要太过悬殊，或为了配合安装需要进行内力调整，通常以支座反力调整来实现。支座反力调整，实际上是通过支座高差变化，使反力发生变化，从而使构件内力发生变化。选取哪个支座进行调整，设计多大调整量，都由设计人员综合考虑运营、安装内力确定。具体做法为将选定的支点在结构设计和制造安装时，结合预拱度设计做出无应力状态下的高度差，落梁后支座仍然落到原来的设计位置。其结果就相当于使支座产生一个强迫变位，从而达到内力调整的目的。通常来说，对称结构支反力调整亦须对称进行，以使结构内力仍然保持对称。

深圳 G9 桥跨越滨海大道，为三跨带悬臂连续梁，主梁采用钢箱梁，跨径布置为 (20.65 + 34.36 + 35.35 + 20.49)m，其中 3# 墩立于滨海大道隧道中墙。由于滨海大道隧道已经通车，需要严格控制 3# 墩反力及沉降。如图 4-60。

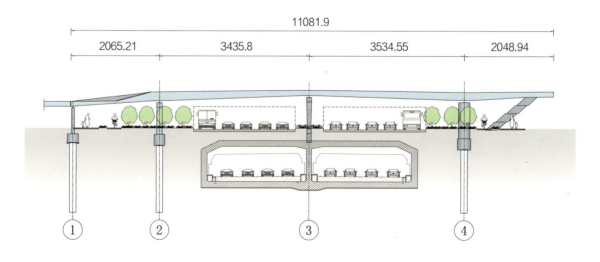

图 4-60　深圳 G9 桥桥型立面布置图（单位：cm）

在深圳 G9 桥的设计中，通过优化结构的施工过程设计，主动控制结构刚度的生成过程，从而实现了对主梁的内力状态及主墩的受力控制。通过对施工过程中钢结构安装、支架拆除、结构体系转换的主动控制，较大地降低了中墩所承担的上部荷载，使滨海大道隧道中墙承受的反力由 480 kN/m 左右降低到 320 kN/m 左右，降低幅度约 30%。

根据桥位处现场条件，深圳 G9 桥采用少支架施工方案，通过调整桥梁结构体系的转换过程达到调整支反力的目的。主要步骤如下：

（1）搭设临时墩，在 3# 墩顶支座附近设置临时支撑（支撑顶部标高比支座高）。

（2）在临时墩上拼装钢梁，至钢梁合龙。

（3）结构体系转换：拆除临时墩及中墩临时支撑，中墩永久支座还未开始起作用，此时结构为大跨结构（中间两跨合为一个大跨）受力状态；钢箱梁变形后刚好与中墩永久支座接触，中墩支座开始发挥作用。如图 4-61。

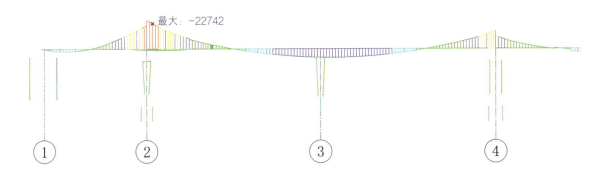

图 4-61　大跨结构弯矩图（中墩支撑还未发生作用，单位：kN·m）

（4）施工附属设施：在安装好的钢梁上，施工桥上建筑结构及幕墙、桥面绿化、铺装、栏杆等附属设施。

施工过程设计不同，其成桥状态也不同，通过施工过程对结构体系转换进行主动控制，可大幅减小本桥中墩受力。见图 4-62、图 4-63。

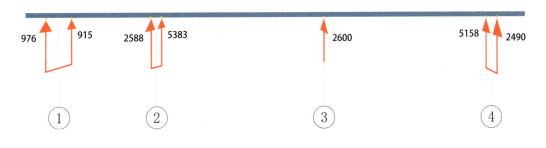

图 4-62　按本施工顺序成桥后恒载组合下墩底反力（中墩墩底反力 2600 kN）（单位：kN）

图 4-63 常规一次成桥后恒载组合下墩底反力（中墩墩底反力 3761 kN）（单位：kN）

昆山市景王路跨青阳港大桥主桥为钢桁架系杆拱桥，跨径布置为（12＋158＋12）m，横向由四片拱肋组成，拱肋中心距分别为 7.55 m、25.8 m，主桥采用支架拼装的施工方案。主桥纵向及横向边中跨比都较小，如按一次落架施工，边支座将出现负反力。如图 4-64。

图 4-64 昆山市景王路跨青阳港大桥成桥实景

设计中对边跨支点处设置 −20 mm 的预拱度，即安装时先将中墩支点垫高 20 mm，钢梁在支架上拼装好后落架，最后将垫高的中墩支点恢复到设计高程，如此便相当于对中墩施加了 20 mm 的强迫位移，使边墩反力由 −57 kN 增加至 344 kN。如图 4-65、图 4-66。

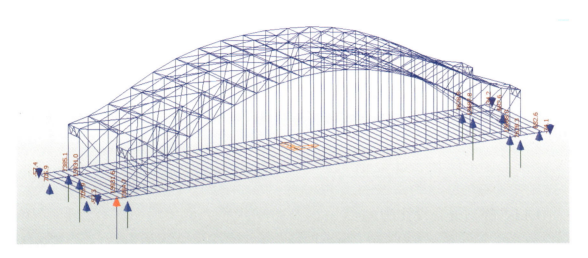

图 4-65　昆山市景王路跨青阳港大桥主桥一次落架边支座负反力 −57 kN

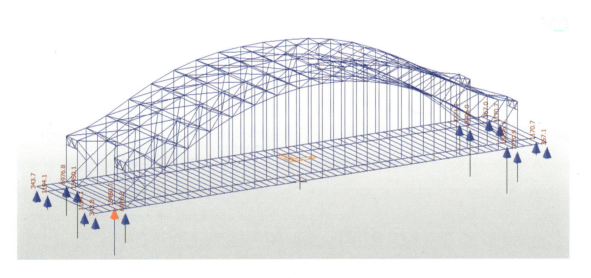

图 4-66　昆山市景王路跨青阳港大桥主桥主墩沉降 20 mm 边支座无负反力

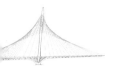

4.4 空间拱结构体系的创新设计方法

空间拱结构是现代桥梁结构中最富活力和表现力的结构形式,也是形态最丰富、最具有创新价值的结构形式。空间拱结构创新设计方法针对空间拱的结构力学特性和形态构成特征提出了空间拱结构阵列组合设计方法、基于空间力系动态平衡的构件组合设计方法;同时提出采用样条曲线拟合拱轴线、多边形变截面拱肋等方法,对拱肋造型进行优化,使之符合景观桥梁的设计目标。

总之,空间拱结构体系的创新设计方法为空间结构拱桥设计提供了一套成熟的结构体系创新技术。

4.4.1 阵列组合设计法

阵列组合设计法通过对拱肋分肢组合、多连杆排列结构构件的解构、重构,创造出多种多样的拱桥形式。该设计方法可通过在两肢或多肢拱拱肢之间设置有韵律、秩序的连杆阵列形成一个共同受力构件,创造多样的拱肋造型,产生意料之外的结构美感。

1. 三肢拱肋组合设计

对于三肢拱肋组合设计,参照多肢拱桥的参数化表达模型:

$$f(a, ms, sp) = \sum_{k=1}^{n} [A_k(sp, ep, cp) \times S_k(se, to) + p(a_k, a_{k-1}, ra)]$$

在参数化设计软件中将拱肋形态的 sp、ep、cp 值设置为参数,将拱肋断面的 se、to 值设置为参数,将连杆的 ra 值设置为参数,保持 se、to、ra 值不变,调整三个拱肋的 sp、ep、cp 值使得三个拱肋呈现六种不同的景观形态。确定具体形态后可保持 sp、ep、cp 值不变,调整 se、to、ra 参数值,进行三肢拱肋的细节设计。通过观察参数化模型与调整参数值同步进行的方式,可以快速获得较为美观的拱肋组合外观形式。

在三维参数化设计软件中,首先定义拱肋起点、拱肋终点以及拱肋最高点位置,连接三点顺次绘制曲线得到拱轴线,若对拱轴线形态有要求则可以再添加若干控制点。将部分拱轴线进行旋转,使得不同拱肋间形成高低错落的空间关系。设置一组可控位置参数的横桥向竖直平面,平面与拱肋相交即得到拱肋间连杆控制点,将控制点相连得到拱肋间连杆中心线。对拱肋及连杆中心线赋予截面即得到三肢拱肋的参数化模块。

拱肋形式由三片拱肢通过多片连杆形成一个整体,根据每片拱肋的不同长度、不同高度可组合成如下多种实际应用形式。见表 4-7。

表 4-7　三肢拱肋组合设计样式图

种类	组合形式	结构特征	设计样式图
A	侧拱肢短、高，中拱肢长、低	拱肢之间由 V 形连杆连接，与中、边吊杆对应连接传力	
B	侧拱肢短、低，中拱肢长、高	拱肢之间由正三角形连杆连接，形成整体受力构件	
C	侧拱肢长、低，中拱肢短、高	拱肢之间由倒 V 形连杆连接，与中、边吊杆对应连接传力	
D	侧拱肢长、高，中拱肢短、低	拱肢之间由倒三角形连杆连接，形成整体受力构件	
E	各拱肢同长，中拱肢高	正三角拱肋及连杆形成整体受力断面	
F	各拱肢同长，中拱肢低	倒三角拱肋及连杆形成整体受力断面	

通过三肢拱肋长短高低不同进行组合，根据对称均衡的设计原则，可形成以上形式，其中 A、C、D、F 类已有实际工程案例。

A 侧拱肢短、高，中拱肢长、低，V 形布置形式：中间单片拱肢顺桥向长、高度低，两侧拱肢顺桥向短、高度高；拱肋之间由 V 形连杆连接，与中、边吊杆对应连接形成合理传力路径。

代表实例：威海石家河大桥钢拱肋形式。如图 4-67。

图 4-67　威海石家河大桥拱肋模型

C 侧拱肢长、低，中拱肢短、高，倒 V 形布置形式：中间单片拱肢顺桥向短、高度高，两侧拱肢顺桥向长、高度低；拱肋之间由倒 V 形连杆连接，与中、边吊杆对应连接传力。

代表实例：常州星港大桥钢拱肋形式。如图 4-68。

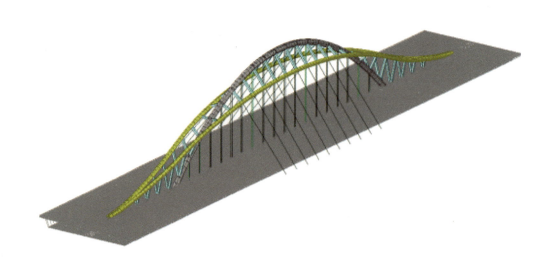

图 4-68　常州星港大桥拱肋模型

D 侧拱肢长、高，中拱肢短、低，倒三角布置形式：两侧拱肢顺桥向长且高，中间单片拱肢顺桥向短且低。拱肢之间由倒三角形连杆连接，形成整体受力构件。

代表案例：西宁北川景观桥方案。如图 4-69。

图 4-69　西宁北川景观桥效果图

F 各拱肢同长，中拱肢低侧拱肢高，倒三角拱肋形式：三片拱肢顺桥向长度相同，二肢高一肢低。倒三角拱肋及连杆形成整体受力断面。此种形式国内类似案例较多。

代表实例：深圳前海 3 号桥钢拱肋形式。如图 4-70。

图 4-70　深圳前海 3 号桥钢拱肋及连杆布置形式

由于各拱肢结构纤细，截面尺度小，因而建筑效果较好；3肢拱肋通过连杆形成整体受力断面，构件刚度变大，其承载能力及抵抗变形能力均获得大幅提升。

2. 双肢双拱肋组合设计

双肢双拱肋经阵列组合设计后可形成丰富的拱肋组合形式。如上海哥白尼桥、昆山夏驾河桥虽同为双肢双拱肋形式，但两者的拱肋组合形态形式并不相同。在满足受力要求的前提下，双肢双拱肋组合也能产生变化多样的形态。

代表实例 1：上海哥白尼桥拱肋设计。如图 4-71。

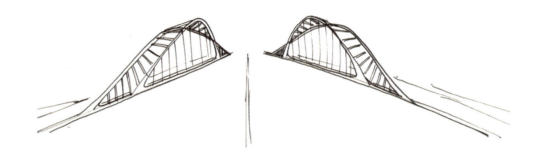

图 4-71　上海哥白尼桥主、辅拱布置形式

该桥建筑外形紧扣创新要义，力求新颖美观，以科技 DNA 元素为设计意向，采用交错的曲线和连续变化的杆件展现园区科技发展主题。桥梁有限元模型见图 4-72。

图 4-72　上海哥白尼桥有限元模型透视图

桥梁结构采用梁、拱体系联合受力设计理念，对桥梁结构设计进行巧妙构思，使桥梁结构效率及经济效率达到最佳。主桥立面布置见图 4-73。

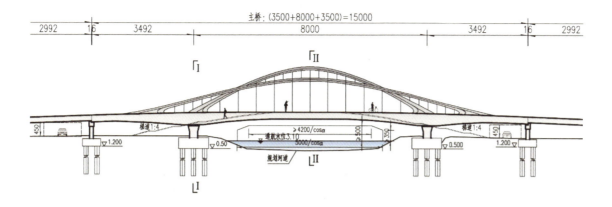

图 4-73　上海哥白尼桥主桥立面布置图（单位：cm）

基于联合受力结构特点，施工方案采用"先梁后拱"的少支架方法，并在施工期间预留了临时通航孔。这样既解决了施工期间不能断航的问题，又降低了工程总造价，充分发挥了梁拱组合体系的结构效率。

钢拱肋采用双肢双拱肋组合形式。每组双肢拱肋设置在车行道和慢行道之间的侧分带上，与城市次干道路断面相匹配。双肢拱肋用流畅的曲线线形，横向变化的连杆勾勒出结构韵律渐变的形态，使桥梁造型更富活力。拱肋结构上分主、副拱肋形式，主拱肋为主要受力拱肋，长度同主跨跨径，拱肋矢高高；副拱肋为辅助受力拱肋，主要承受外侧人行道部分荷载，拱肋矢高低；主副拱肋通过变化的横向连杆连在一起，形成一对稳定的结构体，加强了构件本身的稳定性。

代表实例 2：昆山夏驾河桥拱肋设计。如图 4-74。

桥梁方案以昆曲"水袖"形象为灵感，进行桥梁拱肋整体形式的创作设计。结构不仅在外型上要体现"力"的简洁理念，还要通过细节处理，使桥梁景观达到力与美的融合统一。

桥梁主、副拱肋采用交叉形式，两拱肋间设置韵律感钢连杆连接，形成高低错落的造型。

图 4-74　昆山夏驾河桥鸟瞰效果图

桥梁主桥跨径采用(40+80+40)m布置，为3跨钢结构下承式拱桥。主拱拱肋计算跨径80 m，计算矢高20 m，计算矢跨比1/4。主拱拱肋中心线为1.8次抛物线。主拱拱肋高由主拱对称线处的1.3 m变化到拱脚的1.6 m，肋宽均为1.3 m。辅拱拱肋高由主拱对称线处的1.3 m变化到拱脚的1.6 m，肋宽均为1.3 m。桥梁总体布置如图4-75。

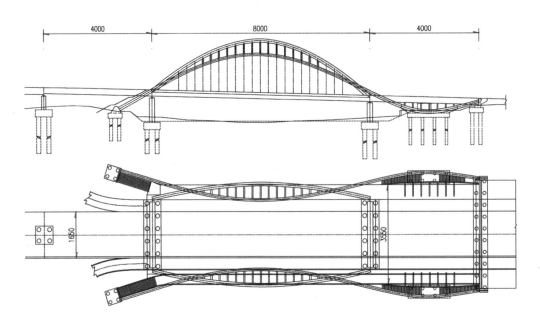

图4-75 昆山夏驾河桥总体布置图（单位：cm）

主拱拱肋纵桥向共设置21根吊索，吊索间距3 m，与主、副拱肋之间的连杆位置相对应。桥梁断面布置如图4-76。

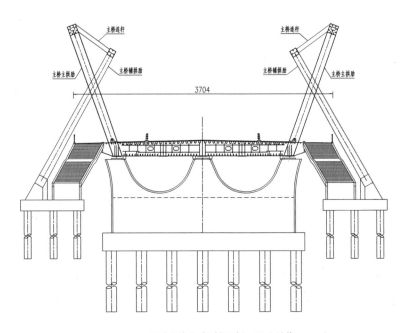

图4-76 昆山夏驾河桥断面布置图（单位：cm）

由于造型需要，拱肋采用样条曲线拟合而成，为钢箱拱肋。主梁采用单箱六室钢箱梁，其抗弯及抗扭刚度大，既保证受力合理，又便于施工。桥梁人视效果如图 4-77。

图 4-77　昆山夏驾河桥人视效果图

结构杆件的组合及分解是空间拱结构造型重要的设计方法，以两根或多根细结构杆件代替一根粗杆件，即通过将原本粗笨的拱、塔、柱等构件分解为小尺寸杆件后，可有效削弱原大尺寸杆件的体积感。同时，分解并重新组合后的杆件体系，提升了结构的整体刚度，并可以充分发挥阵列组合设计法的作用，形成各种不同的桥梁结构造型。

3. 连杆的组合设计

在多肢、多连杆空间拱结构中，连杆的布置及形式对拱结构的建筑造型、受力性能及施工可行性均有很大影响。连杆断面有矩形、圆形、多边形及扁平形等多种形式，其布置、连接形式与拱肋及吊杆的布置有很大关系。通过合理的连杆组合设计，可使多肢拱结构传力明确，受力合理。横向连杆将多肢拱联系成整体，其形态随拱肋位置的变化而产生律动，形成富有韵律的运动阵列，让空间拱的形态更加突出。

代表实例 1：深圳前海 3 号桥连杆设计

深圳前海 3 号桥拱肋与连杆设计时充分考虑了桥面以上空间杆件的布置规律和疏密度。拱肋之间的倒三角形连杆和拱梁之间的吊杆、拱以及外侧刚架之间的横向杆件在布置上均一一对应，充分考虑了结构横向传力需求和形态的均衡。如图 4-78、图 4-79 所示。

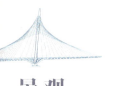

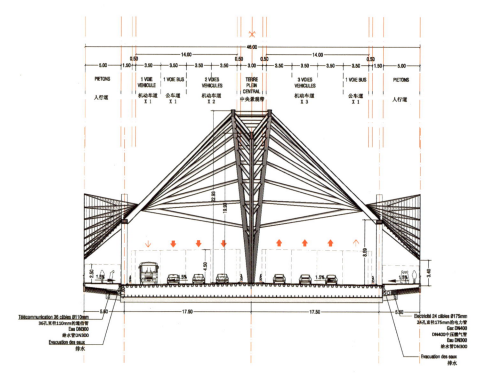

图 4-78 深圳前海 3 号桥横向连杆形式（单位：m）

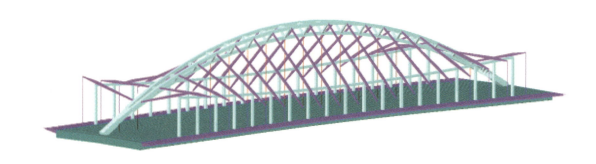

图 4-79 深圳前海 3 号桥有限元模型图

前海 3 号桥中拱与横向连杆建模顺序：先确定骨架线，然后结合拱肋及连杆特征线进行断面赋形。

代表实例 2：威海石家河大桥连杆设计。

威海石家河大桥连杆布置考虑到结构韵律，采用了加密连杆布置方案。拱间连杆选择扁矩形断面，外形呈片状，与吊杆形成"二对一"对应关系，中间直吊杆和外侧斜吊杆纵桥向间距为 5 m，拱肋之间连杆间距为 2.5 m。结构分析表明，该结构受力合理，传力明确。从桥面看，结构的韵律感也得到了充分的体现。如图 4-80。

图 4-80　威海石家河大桥建成实景

4.4.2　空间力系动态平衡设计法

空间力系动态平衡设计法是通过对空间拱结构受力规律的理解，基于拱肋、连杆及吊杆之间的传力机理及空间力系在动态受力状况下也能保持力学平衡的特征，对空间拱各构件组合形态进行设计的方法。

该设计法以拱结构直吊杆、两侧空间斜吊杆及拱间连杆的空间传力机理为基础，使结构各构件组合在空间力系动态平衡的状况下实现传力清晰，确保结构稳定；让结构在满足功能的同时，也能符合景观和受力的要求。

通过对拱肋杆件的分解、组合，可形成正 V 型、反 V 型、双肢等多种杆件组合布置。各组合形式的横向传力路径分析结果表明：中拱肋在斜连杆与中间直吊杆的共同约束下可实现受力平衡；两侧斜拱肋在单侧斜连杆和对应的斜吊杆共同约束下也可实现受力平衡。由于吊杆力受活载影响会发生变化，空间拱体系则处于构件受力动态变化而空间总力系平衡的状态。受该受力模式启发，连杆、吊杆与空间拱肋也可进行动态、灵活的组合布置，充分发挥空间力系动态平衡的优势，使空间拱结构形式更加丰富。

1. 威海石家河大桥

威海石家河大桥拱肋分为三肢，中间竖向拱长且平缓，两侧边拱向外倾斜、更加高耸，三肢拱之间由动感、韵律的 V 形连杆连接，形成动态的杆件布置形式。处于空间力系平衡中的动态组合 V 形连杆是全桥受力的关键部位，也是景观上的亮点。如图 4-81。

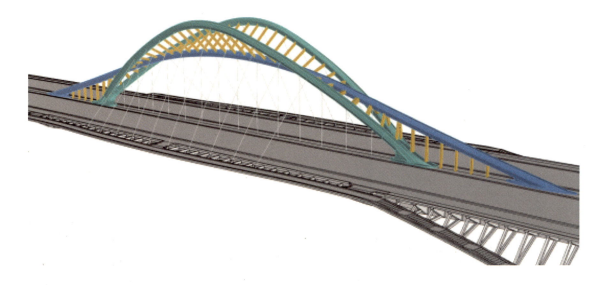

图 4-81　威海石家河桥拱肋设计

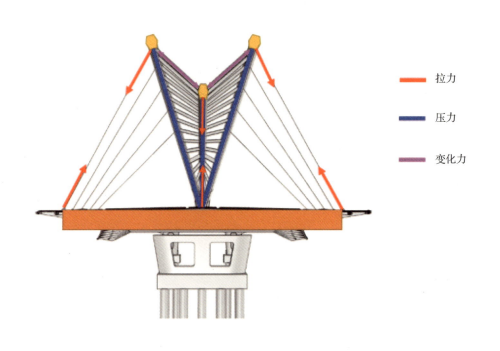

图 4-82　威海石家河桥拱肋断面横向传力分析图

该桥标准宽度 38 m，跨中处由于人行道加宽及设置镂空区变化，桥宽为 48 m。结合桥宽变化及三肢拱肋传力需求，创新性地设计了中间主吊杆、两侧空间斜吊杆及 V 型连杆的空间索面传力体系，在横桥向形成了立体、动态的空间传力平衡结构，如图 4-82 所示。中吊杆吊点位于桥中，外侧斜吊杆吊点位于桥外侧，中间通过 V 型连杆形成传力和稳定的结构杆系，在满足功能要求的同时，大大丰富了景观造型层次。设计按照实际结构建立空间计算模型，计算出各种组合工况下的拱肋应力、主梁应力、吊杆张拉力等各种关键数据并加以分析，确保桥梁结构安全。

2. 常州星港大桥

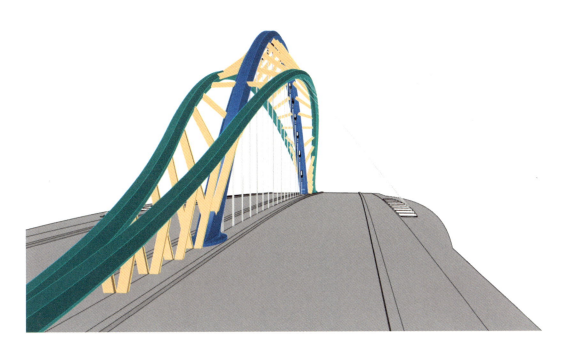

图 4-83　常州星港桥拱肋设计

常州星港大桥则通过设置斜拱肋、连杆（V 撑）及斜吊杆，使中拱肋的稳定性满足受力要求，如图 4-83。设计基于稳定性、受力及景观要求，对中拱肋和两侧斜拱肋之间的连杆（V 撑）的组合形式进行了多方案比选，最终选定敞开式的 V 型连杆布置方案。结构在满足受力的同时，造型空间感和动感更突出，也更显轻巧通透，实现了美学造型和结构受力的完美结合。

3. 深圳前海 3 号桥

深圳前海 3 号桥主拱采用三维空间曲线造型，拱肋由三道独立的单拱通过横向联系杆件连接成空间刚架拱，横断面成三角形结构，从跨中到拱脚逐渐收拢。如图 4-84。

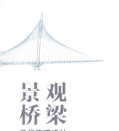

图 4-84 深圳前海 3 号桥空间结构体系模型

两片大的翼翅伸展开至桥梁两边,其出挑高度呈动态变化特点,同时也形成翼翅的曲面边缘。结构体系采用空间力系动态平衡设计。如图 4-85。

图 4-85 深圳前海 3 号桥横向构件布置图

桥梁造型中间部位,是中央整体式倒三角断面拱肋,拱肋的曲面双翼向两侧伸展出挑并与两侧刚架连接。在机动车道上部,结构的空间形式随结构体系的空间力系"动态"平衡而变化,营造出独特行车空间。

中间拱架设置吊杆连接桥面,同时在两侧设置与吊杆等距的刚架,保证了结构的视线通透性和景观完整性。

4.4.3 拱肋造型优化法

1. 样条曲线拟合拱轴线设计法

拱轴线线形是影响拱肋造型及内力分布的关键因素,理想拱轴线与拱所受荷载状况及吊杆布置关系很大。在现代拱桥设计中,常用的拱轴线有圆弧线、抛物线、悬链线等,但也出现了三角形、多段折线、多段圆弧线等非连续线形，如图4-86。拱轴线选择需综合考虑拱肋结构受力及空间造型的影响，采用样条曲线拟合拱轴线的设计方法可以使拱肋线形更顺畅、结构受力合理，能够保证空间拱肋在多视角下的景观效果，避免拱的空间形态出现扭曲和不协调的现象。

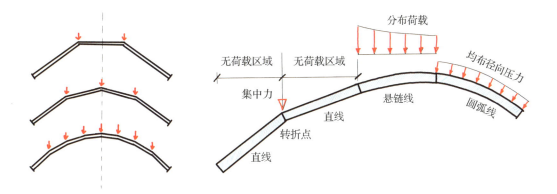

图4-86 常用拱轴线的几何线形

例如在西宁滨河路桥工程案例中，由于桥梁平面位于 $R=220\ \text{m}$ 的圆曲线接 $A=105\ \text{m}$ 的缓和曲线段上，桥梁采用两跨空间钢拱桥，分别斜跨北川河内河与外河。其跨径布置为（95+110）m，全长246 m，桥面总宽21 m，按整幅桥设计。如图4-87。

图4-87 西宁滨河西路桥实景

结合道路线形与墩台布置状况，需沿路线方向扭转拱轴线以适应桥台布置和视觉美观要求。

由于拱轴线所在平面为空间扭面，采用圆弧线等常规拱轴线线形会存在形态难以表现、线条衔接不顺畅等问题，因此本桥拱肋拱轴线采用样条曲线拟合法对拱的空间形态进行优化：通过BIM模型导出拱轴线，然后导入总体计算模型并经多次反馈调整，使拱的形态达至结构受力与外形美观的统一。如图4-88。

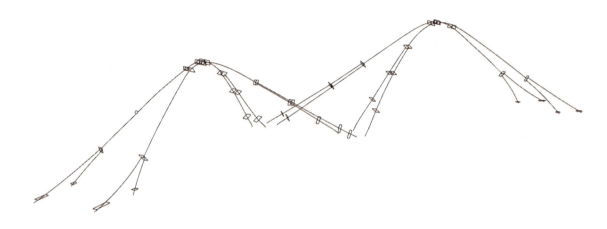

图4-88　西宁滨河西路桥BIM模型中空间拱轴线

空间拱三维成型的具体过程如下：首先对道路线形及拱肋空间布置进行初步分析，接着按照制定定位拱轴线平面→确定整体拱轴线→拱轴线分解→赋予拱肋断面→初始拱肋模型成型→优化局部断面形成最终模型等流程步骤，完成复杂空间拱肋的三维设计成型。西宁滨河西路桥空间拱三维成型过程如图4-89。

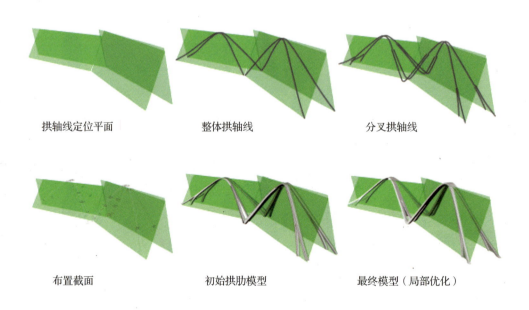

图4-89　西宁滨河西路桥空间拱三维成型过程

空间钢拱肋中心线及轮廓线均为空间样条曲线，每跨由两片钢拱肋组成；在拱顶位置相交并结合成整体；在桥台拱脚位置每片钢拱肋分解演变为纵桥向双肢拱；在桥墩位置分解演变为横桥向双肢拱，并与另一跨拱肋的横向双肢拱分别相交连接形成 Y 型钢箱拱节点，该节点与混凝土拱座相连；相交的双肢拱间则由韵律的连杆连接。空间拱的构形与局部截面优化过程如图 4-90 所示。

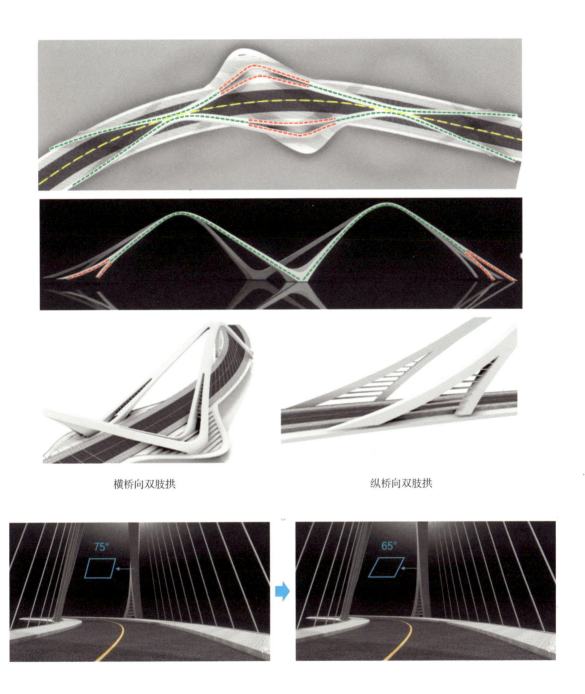

横桥向双肢拱　　　　　　纵桥向双肢拱

图 4-90　西宁滨河西路桥空间拱的构形与局部截面优化

在行车视角模拟验证时发现，图 4-90 左图的拱脚处产生了过大的扭转角度，引起视觉不适。在将拱脚处平行四边形截面内角调整为 65° 后，拱脚处形态即可满足视觉要求。但这样会使得拱肋沿拱顶到拱脚的平行四边形截面内角不断发生变化，形成变角度的空间曲面拱肋。

2. 多边形拱肋断面设计法

多边形拱肋断面设计法采用 BIM 参数化正向设计，通过参数化自动提取多边形断面特征线及特征断面，使复杂异形空间拱结构造型设计中易出现的过程繁琐、修改困难、易出错、施工放样困难等一系列问题得到妥善解决，大大提高了该类空间拱设计、施工的精度和效率。

对于拱肋多边形断面而言，奇数条边多边形（三角形、五边形、七边形）仅在 y 方向呈现为对称，受力相对不利。如图 4-91 所示。

图 4-91　三角形、五边形、七边形断面

偶数条多边形（四边形、六边形、八边形）在 x 和 y 两个方向均呈现为对称，受力则更为合理。其中四边形断面缺少变化；而八边形断面形状近于圆形，多边形特征不明显，且其围合板块的宽度偏小，会使现场焊接工作量增加。如图 4-92 所示。

图 4-92　四边形、六边形、八边形断面

六边形断面从空间角度来看，更富于变化，多边形特征表现比较明显，断面关于 x 和 y 两个方向均对称，受力更合理，且断面分为 6 个围合板块，板块宽度相对适中。

例如威海石家河大桥的拱肋就采用了六边形断面钢箱结构。其拱肋分为中拱和边拱，中拱与边拱的拱轴线分别由三段相外切、内切的圆弧线组成，两侧边拱外倾 35° 呈 V 字形，在横桥向左右对称，其拱脚均伸入混凝土主梁内。中拱和边拱之间通过连杆进行连接，在中拱拱脚附近则设置竖杆与混凝土主梁衔接。如图 4-93 所示。

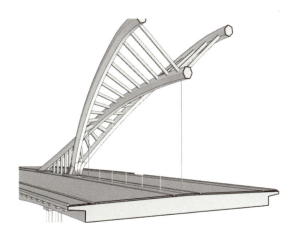

图 4-93 主墩处断面

六边形断面拱肋外壁最大主压应力出现在钢混结合面上，分布范围极小，最大应力值 180 MPa，拱肋外壁其余部分的主压应力在 110 MPa 以下。如图 4-94 所示。

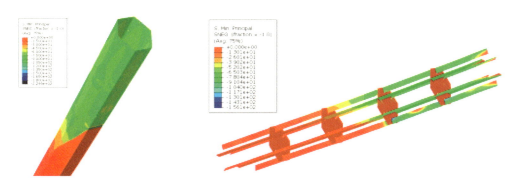

图 4-94 六边形拱肋外壁主压应力图及拱肋内部主压应力图（单位：MPa）

衔接处的拱肋和拱箱外壁最大主压应力发生在衔接位置下缘，最大应力 250 MPa 左右，在下翼缘和腹板交界处达到最大，在拱肋和拱箱衔接处其他位置的应力在 160~180 MPa。如图 4-95 所示。

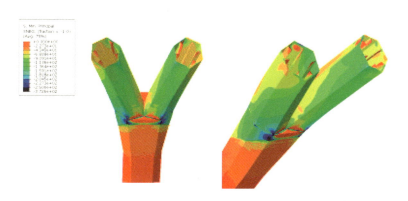

图 4-95 拱肋和拱箱衔接处主压应力云图（单位：MPa）

从图 4-96 可看出，拱肋外壁最大主拉应力出现在钢混结合面上，分布范围极小，最大应力值 150 MPa，在竖杆作用的位置处拱肋外壁的主拉应力在 70 MPa 左右。如图 4-96 所示。

分析结果表明，威海石家河大桥工程采用六边形拱肋不但外形美观，其结构受力也非常可靠。

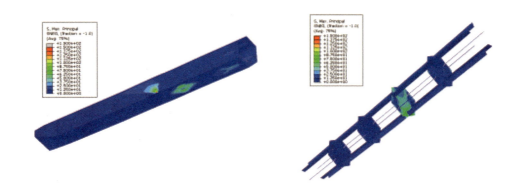

图 4-96　拱肋外壁主拉应力图及拱肋内部横隔板主拉应力图（单位：MPa）

Chapter 5

第 5 章
景观桥梁美学提升设计方法

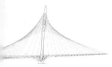

5.1 典型桥型美学提升设计方法

不同于建筑以及景观构筑物的基本属性,桥梁无论从结构体系、使用功能还是外观造型,都相对明确和直观,其典型桥型无外乎梁桥、拱桥、钢桁梁结构桥、斜拉桥和悬索桥等等,且每一种桥型的外观都具有显明的特征。景观桥梁设计的初衷在于充分挖掘场地环境与使用者之间的联系与需求,并结合各种桥型的结构和美学特征,为每一座桥梁寻求合理、适宜的桥型方案。桥梁的美学营造通过借用建筑、景观和艺术的设计手法,尽可能提升桥梁的观赏价值,同时实现桥梁与环境的协调与融合,展现桥梁不同桥型的结构工程之美。

5.1.1 连续梁结构

1. 连续梁结构的美学特征

就连续梁结构本身而言,其外观元素主要包括梁体的横向线条与桥墩的竖向线条两个基本要素。因此,梁与墩的相互关系和处理手法,就成为连续梁结构景观桥设计的关键。我们通常认为纤薄、轻盈的梁体与充满雕塑感和艺术细节的桥墩是营造连续梁结构美观的关键,然而真正值得设计者最优先关注的是桥梁所处环境的地形条件与桥梁自身的结构比例。这些先决条件基本可以确定桥梁的大致形态与体量。比如桥头与跨中桥下地形之间的高差决定了桥下空间的高度,也就是决定了桥墩的高度,而桥梁跨越的距离则决定了梁体厚度和桥梁跨数。

连续梁结构在景观美学的设计上,单跨与多跨结构的美学表现侧重点会有所不同。单跨和跨数较少的连续梁结构景观桥,由于其体量有限,可以近距离观赏和游览,因而桥梁单体形态、比例以及细节处理是需要关注的焦点,主跨与边跨的主次区分和尺度比例也是桥梁是否美观的关键,要注意凸显主跨作为视觉观赏核心的地位。对于跨数较多,长度较长的连续梁桥,则应从远距离和更大尺度范围来审视桥梁的景观效果,其设计语言应尽可能简洁,要有意识强调其所产生的空间序列感与纵深感,尽可能避免连续密集桥墩所产生的凌乱感和林立感。

2. 连续梁结构桥上、桥下空间的美学营造

连续梁结构的桥梁空间属性较为简单,其呈现出水平、匀质的空间特性。从使用者的观赏角度来看,梁体桥面以上部分的景观性较弱,类似于城市道路的通行视角。设计者主要通过桥面的栏杆打造与绿化装饰来丰富桥梁的文化与艺术内涵。事实上,栏杆与桥面的绿化除了起到装饰作用以外,也可以被视作桥面空间的边界,边界是建筑形成围合空间的基础元素。

桥梁的空间相较于建筑空间会简单很多，这取决于其功能性。人们对桥梁的功能需求以通行为主。随着时代发展和生活水平的提升，桥梁也逐渐成为人们户外活动中停留和休闲的场所，这直接导致了对其功能需求以及品质要求的提升。因此桥面空间的营造随之成为设计的重点，除了机动车与行人之间快慢空间隔离的最基本需求外，行人空间的打造尤为重要。桥面栏杆与绿化作为围合空间的边界，是空间营造的主要工具，优秀的设计会将通行、休憩以及观景等活动空间合理划分，提升空间使用的舒适度。同时，空间界面也要考虑到桥梁外侧的环境，并与之协调。对于桥面空间营造，最为直接和典型的做法是设置风雨廊，其对空间的围合手法类同于建筑的做法，廊内形成具有遮蔽性和包围感的建筑空间，成为吸引人们上桥的亮点，同时它也为桥梁外部空间观赏视角带来了风景点。因此，在桥面设置各式各样的庭廊构筑物也成为连续梁结构景观桥梁打造经常采用的手法之一。但需要注意的是，桥上设置的构筑物不应过分突出或遮挡行人视线，避免给行人带来不自然的感受。

一般情况下，较高的桥下空间对于提升桥梁外形的美观度具有积极的作用。如果桥下空间充裕，则对于梁体厚度限制较低，但对于梁体侧面和底面的外观要求较高，桥墩造型成为景观打造的主要着力点，在设计上应凸显桥墩的挺拔感与雕塑感。梁与墩之间的衔接处理是设计的重点与难点，自然且巧妙的衔接过渡会使连续梁桥更具艺术性和观赏性。在桥下空间不足的情况下，应尽量降低梁体厚度，通过刻槽、增加切面、增加悬臂、降低边缘厚度等手法，消解梁体呆板、僵硬的大面积"墙面"外观，从而在视觉上降低梁体的厚重感。倘若桥下空间比较局促，则应尽量弱化桥墩的存在感。较矮的桥墩不符合美学上的审美比例，可将桥墩进行适当的改造与变形，使其作为桥墩的形象不断削弱，转而与梁体的造型更加贴合，与梁融合成一体，从而在视觉上达到规避景观缺陷的效果。

3. 连续梁结构美学提升的关键要素设计

（1）上部结构、下部结构与附属结构的整体美学设计

连续梁上部结构、下部结构与附属结构设计风格的协调统一对其最终景观效果的呈现至关重要。

图5-1所示为(38+60+38)m混凝土箱梁桥以芙蓉花为设计主题的三个桥梁方案：方案(a)仅对桥墩进行了芙蓉花造型设计，忽略了桥墩与主梁的衔接处理，景观效果略显生硬；方案(b)设计了一个由桥墩和桥墩装饰联合组成的芙蓉造型，然而桥墩装饰体量过大、颜色失衡，造成桥梁的整体结构感缺失；方案(c)同样设计了花瓣造型的桥墩，但是该方案较好地处理了墩梁的衔接，过渡更为自然，另外，桥上增设了花瓣造型的侧分带装饰桁架和遮阳棚，既拓展了桥梁功能又丰富了景观元素，一举多得。

（2）利用桥梁断面进行灵活性设计

连续梁桥的箱形断面具有较强的可塑性，设计上可充分利用这一特点，实现桥上空间与桥下空间的功能分区与协调互动。深圳前海6号桥位于深圳前海深港合作区听海大道与桂湾河水廊道交叉节点，该桥为跨径(50+80+50)m的空间异形混凝土连续箱梁桥，设计师在桥上人行道之外借助钢箱梁结构另外分离出一个变宽的下沉式行人活动空间。地面绿化带种植具有地

(a) 桥墩芙蓉花设计造型

(b) 桥墩+桥墩装饰芙蓉花设计造型

(c) 桥墩+侧分带装饰+遮阳棚芙蓉花设计造型

图 5-1　以芙蓉花为设计主题的各桥梁设计方案

方特色的绿化植被，绿化植被穿过活动空间与主体桥梁结构之间的空隙，形成水中有树、树中有水的别致景象。人行道踏步以曲线变宽的形式从桥面引下，左右两侧线形没有追求完全对称，而是因地制宜，根据需要接入到不同的景观区域，梁体在跨中抬高，扩展观景视野，方便游人更好地观赏水廊道的景观。该桥在设计过程中重视景观细节的打造，巧妙地利用桥墩装饰隐去了梁体下的支座，取得了桥墩与主梁无缝衔接的视觉效果。如图 5-2。

图 5-2　深圳前海 6 号桥设计案例

（3）结合道路功能进行多元化设计

城市绿道是近年来新兴的一种专供行人和自行车游憩的线形绿色开敞空间，各具特色的城市绿道桥是城市慢行休闲空间的重要组成部分。国内若干成功的设计案例表明，形式简洁的梁桥可为以休闲为主体功能的绿道景观提供良好的载体。设计师可以充分发挥想象，围绕某一设计主题，结合绿道景观需求针对附属设施（栏杆、遮阳棚、绿化带、防抛网、声屏障等）进行多元化设计，使行人在绿道空间中收获更为丰富的慢行体验。如图 5-3、图 5-4。

图 5-3　成都绿道人行桥设计案例

图 5-4　城市人行桥空间绿化设计案例

5.1.2 拱桥结构

1. 拱桥结构的美学特征

在常规桥型中，拱桥是变化最为丰富、空间属性最为突出的桥型之一。根据桥面系与拱肋的位置关系以及传力体系，常见的拱桥可分为下承式、中承式、上承式。虽然同为拱桥，但它们在外观上所表现出的形态以及特点各不相同，其中上承式拱桥与后两者的差别尤其明显。上承式拱桥是一种具有古典美学特征的桥型，古代的"虹桥"就属上承式拱桥。此类桥梁跨越感强，线形自然优美，但是因其结构特性限制，单跨的上承式拱桥对桥下高度的要求较高，一般多用于桥下净空较大或者对于桥梁纵坡没有限制的人行桥。多跨连拱桥是市政桥梁中比较常见的上承式拱桥形式，其连续的波浪线形外观打破了常规梁桥平直、缺少变化的状态，在视觉上产生连绵相继的动感，将观赏者的视线向桥梁以外的环境中自然延伸，因此这种桥型更适宜在地形环境开阔、自然风光优美的场地之中应用。上承式拱桥的桥拱线形多为圆弧或半圆形，这使得在景观上更利于形成桥梁实体与水中虚影的互动，其形如"月"如"眸"，在主题理念上更易拉近桥与人的情感距离。对于桥面以上部分，上承式拱桥的景观塑造手法基本与此前介绍的连续梁结构桥面附属设施的景观设计思路类似。在桥面上设置景观亭廊可以增强桥梁的古典韵味，若设置绿化景观则可使桥梁空间更加自然、生态，大大提升行人过桥的舒适度。

中承式与下承式拱桥的景观特征不同于上承式拱桥，其拱形结构主要位于桥面空间以上，因此其在造型视觉感上更加突出，更能凸显桥梁建筑的标志意义。由于中承式与下承式拱桥的形态受拱轴线形、拱肢数量以及拱与拱、拱与梁之间的组合形式等多种因素影响，其整体空间形态具有非常强的可塑性。若以桥梁所处的环境界面视角来看，拱结构的本体造型从远处观看如同建筑的穹顶，连续的多拱造型在其外观上则容易使人联想到起伏的山脊，因此无论是对于建筑物较密集的都市环境，或是对于山水优美的自然环境，此类拱桥都能够很好地融入其中，同时也可以成为城市景观与自然景观的过渡与粘合剂。中承式与下承式拱桥的景观优势在于其既可以作为景观核心的焦点，也可以作为大尺度景观环境中的衬景或过渡性景观，必要时还可以作为天际线的有益补充。如图5-5。

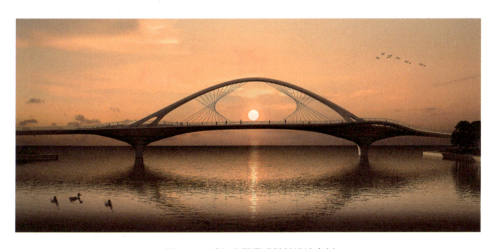

图5-5 "眸"主题景观拱桥设计案例

桥拱与梁体之间的连接与相互关系处理是中、下承式拱桥建筑景观营造的重点。拱结构通常采用柔性拉索和刚性吊杆两种方式与桥面连接,二者在功能上均发挥着将桥面荷载传递于桥拱的作用,但是二者在景观效果的呈现上却有很大不同。拉索和吊杆之于桥梁有如屋顶或墙体之于建筑,其可以作为桥梁内外空间的边界,也可以在桥面上形成具有一定包围感的空间。拉索只能以直线的形式出现,尺度相对小,其视觉上的存在感较低,所形成的面域较为通透。而刚性吊杆则可在形体上产生诸多变化,其视觉存在感相对较强,多吊杆的排列可以形成明显的面域形态,通过形态的变化很容易打造出变化丰富的空间造型。总的来说,柔性拉索在景观上是一种弱化和隐匿的手法,它可以更加凸显桥拱本体的线形,突出其线性景观的动势;而刚性吊杆在景观上是一种强化空间体量的方式,它给桥梁增加了建筑上的立体感与空间感。

中承式与下承式拱桥造型的主要区别在于在桥面以下部分,前者的桥拱直接落地,取代了桥墩的作用,这使得拱结构的造型更加独立和完整。而下承式拱桥则需要考虑桥墩造型的设计,这也是该类桥梁整体景观需要考虑的重点。一般来说,竖直桥墩较为普遍,其特点是稳重、简约;而采用倾斜或异形桥墩设计则可以将其视作桥拱在桥面以下的延伸,它可以提升桥梁整体的艺术性与雕塑感,还可以使得拱与拱、拱与地形环境之间产生逻辑上的关联以及有趣的互动。

2. 拱桥结构美学提升的关键要素设计

(1)拱肋与桥面系的空间关系

当桥梁采用单拱肋时,拱肋与桥面系之间的空间关系至关重要。常见拱桥桥面系多为直线线形,然而出于道路线形或景观因素需要,也可能采用曲线线形。相应的,拱肋既可以采用铅垂面内拱肋,也可以采用斜面内拱肋。对于不同形式的拱肋、桥面组合,其拱肋结构受力及桥面系系杆作用发挥的效率也会有所不同。一般而言,直线型桥面系承担水平拉力的效率远高于曲线型桥面系。当桥梁采用双拱肋或多拱肋时,拱肋之间的空间关系是决定拱桥方案呈现的重要因素之一。此时,常见的拱肋空间关系有平行式、提篮式、开敞式等。拱肋之间丰富的空间形式变化为拱桥的造型设计提供了很好的创新、拓展途径。如图5-6。

图5-6 多榀空间拱肋设计案例

(2)拱肋矢跨比与拱轴线

主拱形态是拱桥最重要的视觉要素,其形态与拱轴线和矢跨比密切相关。

拱轴线通常采用圆弧线、抛物线或悬链线。圆弧线的矢跨比较大,常用于较小跨径的拱桥,这种拱圈的形态简洁古朴、宁静稳定,施工较为便捷。抛物线拱圈则彰显出强烈的动感,使结构产生整体向上的动势。需要注意的是,不同的抛物线次数会造成拱圈视觉效果的不同。对于实腹拱而言,悬链线是理论上最理想的拱轴线形式,体现了经济与美观的结合。除以上三种常见的拱轴线外,景观桥拱轴线设计还可根据造型需要,依托构思中的设计意象,采用样条曲线拟合拱轴线,使拱桥形式取得力与美的最佳平衡。

矢跨比不仅是拱桥重要的技术指标,影响拱圈的内力变化,而且还会对拱桥的外观产生重要影响。从美学角度看,矢跨比越小,拱会越显得优雅与美观;矢跨比越大,拱会越显得挺拔与刚劲。矢跨比的大小,对结构刚柔呈现影响很大。矢跨比不能太小,否则对墩台的水平推力太大,对墩台、基础的要求也会更高;矢跨比也不能太大,否则拱桥造型会失去整体协调感,拱肋的横向稳定也将面临极大的挑战。适宜的矢跨比通常位于 1/6 ~ 1/3 之间,在景观拱桥的设计中还要结合景观要求、结构受力及工程经济性等因素进行综合分析,选择合适的矢跨比。

(3)拱肋断面形式与拱肋间横联布置

拱肋的断面形式多种多样,在设计中断面的选取及尺寸的确定应结合受力要求与外观效果进行综合考虑。常用的拱肋断面形式有箱型拱和桁架拱。箱型拱形式简洁,有三角形箱、四边形箱、五边形箱、六边形箱等多种断面形式可供选择。根据从拱顶到拱脚的断面变化又分为等截面和变截面箱型拱肋。变截面箱型拱肋拱脚尺寸较大,在满足结构受力的条件下,可进行艺术造型设计,丰富全桥的景观层次;桁架拱将桁架受力优势与拱结构巧妙融合,杆件布置变化多样,在下弦曲线满足受力合理性的前提下,对上弦线型受力合理性的要求有所降低,结合该特点可针对上弦线型进行美学设计,打造更为飘逸、自然、和谐的效果。

拱肋间横联形式、横联布置的疏密情况对过桥者视角的空间感受影响很大,如果横联构件尺寸过大、布置过密,会造成桥上空间过于逼仄,影响过桥舒适性,然而横联构件尺寸过小或者布置太过稀疏可能会造成拱肋侧向失稳的风险增加,基于这种情况,横联的布置应结合计算结果确定,保证结构安全的前提下兼顾过桥者的空间感受。内倾式拱肋可采用拱顶布置横联的结构形式以达到较好的景观效果。

(4)吊杆空间布置

景观桥梁设计中系杆拱桥吊杆的布置有平行式、放射式、网状式及扭转交叉式等,吊杆布置方式应结合拱肋空间关系及拱肋线型确定,如图 5-7 中所示景观拱桥,拱肋形态挺拔,矢跨比比常规拱桥略大,此时若采用平行式吊杆,吊杆的平行状态将会冲淡拱肋的挺拔之感,与原有的设计意图相悖,因此推荐采用放射状吊杆,吊杆的力线呈现向上的姿态,与拱肋形态更好契合。

图 5-7 放射状吊杆拱桥设计案例

（5）仿古石拱桥

各式各样的古代石拱桥传承着中国古代劳动人民的智慧与文化。而随着经济的发展和人民生活水平的提升，在高档住宅区、旅游休闲游览区、湿地公园等诸多特殊场合，仿古石拱桥能营造古雅、田园的环境气氛，达到舒缓城市环境紧张节奏的作用。但是，"石"砌的拱桥毕竟难以满足现代交通的需要，能够传承高超石匠技术的年轻人也越来越少，因此，如何利用钢筋混凝土打造出石拱桥的效果是一个值得探讨的课题，而拱圈矢跨比的选择与拱圈外观的细节处理是其中非常重要的环节。

仿古石拱桥的矢跨比选择与桥梁的功能定位、设计目标、桥址处地基条件等因素密切相关。此外，因为仿古石拱桥大多为上承式，桥面在拱圈之上，因而拱圈矢跨比与路线纵坡、视距、竖曲线半径等也有一定关系。如果是景区人行桥，规范对于其路线指标要求较宽松；如果是市政车行桥，相关道路技术标准对其纵坡、视距等要求就比较严格。因此常会遇到由于景观造型需要导致桥梁平纵不满足技术标准的情况。尤其对于仿半圆石拱桥，拱造形的美观要求会带来比较大的纵坡和比较小的竖曲线半径，易导致视觉不良或突破规范要求，妥善解决这一设计矛盾具有重要意义。相比仿半圆石拱桥，仿坦弧石拱桥的设计中两者矛盾较少，但坦弧拱桥对地基要求较高，选择该桥型时一定要进行综合考量。

由于混凝土与石材在材质外观上差异较大，为达"仿石"效果，通常在钢筋混凝土拱圈外立面设置石质饰面进行景观装饰，而对桥孔内的底面则一般采用现代"喷砂"工艺进行喷涂处理，喷砂的色泽要求接近天然石色，这样既可保护拱圈，延长混凝土的使用年限，又能使拱圈质感更接近天然石拱圈的外观。图5-8为多跨仿石拱桥的设计案例。

图5-8　多跨仿石拱桥设计案例

5.1.3 钢桁梁结构

钢桁梁结构体系桥梁根据其受力特征,一般可分为梁式体系、拱式体系和组合体系等。钢桁梁结构体系中的主桁架结构既是桥梁主要的受力构件,又是桥梁重要的景观表现元素。

1. 钢桁梁结构的美学特征

钢桁梁结构桥梁是极具造型艺术的一种桥梁形式,它通过众多的桁架杆件组合连接,在传递结构受力的同时,也营造出了特殊的艺术空间。传统的钢桁梁结构桥梁,具有鲜明的工业时代特征,它展现了近现代人类社会工业化快速发展的精神面貌,其杆件排列设计遵循良好的序列与规则,桥梁在整体外形上充满了视觉的厚重感与体量感。该钢桁梁结构的主要造型变化一般在二维平面内完成,其立面轮廓可直可曲,斜杆方向可顺可逆,上下风撑连接可密可疏,有的甚至在桥头或桁架上设有艺术雕塑的装饰构件,但无论其如何变化,这类传统桁架桥梁都给人以复古、冷峻和庄重的外观感受,会立刻将观赏者带入到特定的历史记忆之中。

随着现代工程技术水平和材料、制造等行业的飞速发展,加之三维设计手段的应用普及,均使桁架桥梁的设计风格发生了显著变化,其在空间营造上的特点和优势被不断放大,桁架杆件不再受单一平面的限制,能够在三维空间内自由地扭转、拉伸,这极大提升了桁架结构桥梁的景观可塑性,打破了其固有的工业与复古气息,带来了现代感与未来感。从桥梁之外的场地空间环境来看,灵动多变的桥梁造型可更好与周边的景观、地形以及建筑物相呼应,实现环境的协调与景观的整体性。置身于桥梁本体的内部空间,其富有艺术性的结构空间变幻可以满足现代人们生活中对新奇性与趣味性的追求。

钢桁梁结构不同的杆件排布方向给人以不同的感受,横向为主的线条强调空间围合,凸显桥面建筑空间的舒适性;而纵向为主的线条则强化桥面空间的穿越感与隧道感,在视觉上产生牵引与拉伸动势。结合色彩与亮化的设计,桁架桥梁的景观展现将更加丰富多元。桁架杆件组合在空间上的灵活运用,同时又与材质、色彩等设计元素进行碰撞,使结构形态的美学展现与景观打造迸发出无限可能,其多变的形式与风格不仅可以满足不同的场景需求,而且能够让人感悟时光的印记,带给观赏者以穿越时空的体验。

2. 钢桁梁结构美学提升的关键要素设计

(1)主要创新要素

其美学营造的创新要素包括但不限于以下几种:一是桁架的平面设计创新,包含上弦线型的优化、腹杆的排列组合、节间距的不等划分等手段;二是桁架的空间异构创新,突破桁架传统概念中的"平面性"限制,结合桥梁轴线线型,在满足桥上净空要求的前提下,创新非规则异构空间三维桁架;三是桁架杆件的断面形式创新,基于合理受力分析和成熟施工工艺,创新出不同于传统箱型、工字型的断面形式,如格构式、圆管式等;四是桁架间横向联系的布置方式创新。钢桁梁桥相关创新案例见图 5-9 所示。

图 5-9　钢桁梁桥空间异形创新设计案例

（2）无横联钢桁梁结构创新设计

常规桁梁桥设计中，桁架间通常会设置横联以加强结构的横向联系。然而，横联在钢桁梁结构中虽然重要但并非不可或缺。有时可根据景观需要，也可采用无横联钢桁梁结构。该类结构的桥面系通常选用受力参与程度更高的钢箱梁体系，钢箱梁与桁架共同组成承载结构，使桁架不再是单一的受力构件，为取消桁架间的横向联系创造了条件。

横向联系的取消可有效降低行人或行车过桥时的逼仄感与压迫感，极大提高使用舒适性；另一方面，也使得桁架线型设计更加具有灵活性，后期还可结合桁架造型进行灯光亮化设计，为城市夜景添彩。值得注意是，桁架与桥面系钢箱梁构成组合结构体系，由于桁架分担了相当比例的荷载，桥面系钢箱梁梁高与常规钢箱梁相比可以显著降低，因而提高了桥下的通透感。

（a）江阴临江路桥　　　　　　　　　　（b）昆山金浦大桥

图 5-10　无横联布置的车行桁梁桥设计案例

图5-10（a）所示为位于江苏省江阴市锡澄运河入江口的临江路桥，主跨75 m。图5-10（b）所示为江苏省昆山市跨越申张线青阳港航道的金浦大桥，主跨90 m。两座桥均采用了无横联布置的桁梁桥型方案，然而在桁架形式、杆件断面、曲线造型等方面存在巨大差异，给人的感受也大不相同，江阴临江路桥带来的是现代感与"重工业"化的缩影，而金浦大桥以飘逸柔美的昆曲水袖为意象，展现出江南水乡的灵动与秀美。

5.1.4 斜拉桥结构

斜拉桥，又称斜张桥，是将主梁用多条拉索直接拉在桥塔上的一种桥梁，由承压的塔、受拉的索和承弯的梁体组合起来的一种结构体系，可看作是拉索代替支墩的多跨弹性支承连续梁，该类桥梁经济性好，跨越能力强。斜拉桥虽然是一种比较年轻的桥型，但在世界各国现代桥梁发展史上发挥着举足轻重的作用。

1. 斜拉桥结构的美学特征

斜拉桥得益于桥塔与斜拉索之间简洁明快的力学线条，桥梁立面通常呈现三角形的几何造型，其空间形态在景观上首先给人一种稳定、均衡的视觉感。因而斜拉桥自身在空间内所形成的三角形的比例就成为其外观的决定性因素，其比例的变化会给观赏者带来不一样的视觉感受。塔高与拉索区的比例越大，其向上的动势越明显，桥塔给人的感受越高耸；相反比例越小，其横向的拉伸感越强烈，拉索给人的感受越充满张力。但是其比例的选择应该控制在合理的范围之内，和谐的比例才能给人以美的感受，通常采用美学领域里的"黄金分割比例"可以得到理想的景观效果。

2. 斜拉桥结构美学提升的关键要素设计

（1）桥塔景观设计

作为斜拉桥主体构件的桥塔，给人的感受是挺拔而高耸，往往是首先被视觉锁定的焦点，从而能够发挥标志性和象征性的作用，因此桥塔在斜拉桥景观中的重要性不言而喻。桥塔的主要形态一般可分为：独柱塔、A型塔、H型塔、Y型及倒Y型塔、拱形塔等等。塔形的选择主要受桥梁规模和地形环境的影响，其中独柱塔和Y型及倒Y型塔在造型上更加凸显桥塔的挺拔与高耸，其对视觉的吸引力更为集中，因此多用于单塔结构；A型塔、H型塔和拱形塔的斜拉桥则多用于双塔或连续多塔的情况，因为其在面域内勾勒形成的轮廓线条，容易使人产生门户和景窗联想，因此将此类形式应用在城市重要通道的主出入口更为合适。桥塔细部的线条刻画与装饰点缀可以为桥塔的美学设计起到画龙点睛的作用。桥梁的整体比例与桥塔造型通常是远距离观赏的重点，近距离或桥上观赏者的关注重点则会集中于桥塔顶部、塔间横梁、塔与桥交接处以及桥塔根部等部位，这些部位也是展现桥梁文化内涵与设计主题的重点位置。如图5-11。

图 5-11 如皋长江大桥桥塔设计案例

（2）拉索索面景观设计

斜拉桥的拉索同样也是桥梁外部景观重要的组成要素，它是斜拉桥充满张力和稳定视觉感的来源，也是斜拉桥桥面空间感塑造的界面。从桥梁空间划分的角度来看，斜拉桥的拉索布置可以分为单索面和多索面两种情况。单索面的空间划分较为单一，通常布置在桥梁断面中间带范围内；而双索面或多索面的布置形式会使桥面空间内部的体验者产生较强的建筑空间围合感，同时也成为界定桥梁空间的边界。若按照斜拉桥拉索的布置形式来区分，则可以分为扇形、竖琴式、辐射式和空间形索面（如马鞍形索面）等。扇形、辐射式索面是最为常见的布置形式，它可以应用于几乎所有造型的斜拉桥之上。竖琴式索面简洁、优美，但由于斜拉索的倾角较小，索的总拉力大，故钢索用量较多，一般多用于中、小跨径的斜拉桥中。空间形索面相较于传统拉索索面，其在整体造型上突破了索面单一的三角形限制，使得原本刚劲有力的桥梁索面产生了曲面的柔美感和网状造型的编织动感。空间索面为斜拉桥桥型带来了更为丰富的形态语言，既保留了斜拉桥原本挺拔有力的稳定感，同时也增加了曲线、曲面自由舒展的灵动之美，可以使桥梁与场地环境的融合更加流畅、自然。空间形索面斜拉桥的应用具有一定的局限性，只有在桥塔与梁体不处于同一平面内的情况下才可以实现，因此空间索面斜拉桥多用于单塔、桥塔造型具有曲线元素以及桥梁平面线形为曲线的情况之下。

5.1.5 悬索桥结构

悬索桥，是以悬挂缆索（或钢链）作为上部结构主要承重构件的桥梁，桥面系与缆索（或钢链）之间通过吊杆（或钢链）连接。悬索桥历史悠久，现代悬索桥是在古代悬索桥（古代吊桥）的基础上发展而来的。现代悬索桥是由悬索、索塔、锚碇、吊杆、桥面系等部分组成，结构轻巧，跨越能力大。

1. 悬索桥结构的美学特征

悬索桥从形态上可以被看作是斜拉桥与拱桥的结合，如果说斜拉桥与拱桥分别展现了桥梁的刚与柔之美，那么悬索则是刚柔并济的代表。悬索桥具有斜拉桥高耸挺拔、刚劲有力的桥塔；而索塔之间垂挂的悬索，可被视作"倒拱"，具有和拱桥一般圆润、柔美且富有韵律感的曲线。只不过拱受压而索受拉，两者在结构上的受力特点恰好相反。随着我国经济水平与科技实力的不断提高，对特大跨径桥梁的需求也不断增加，有着极强跨越能力的悬索桥在大跨径桥梁工程建设中所占的分量也愈来愈重，其结构形式和造型景观也得到日新月异的发展。

悬索桥不仅是一座城市标志性的象征，也是城市文化与艺术传递的窗口。结构工程师与建筑师应充分利用美学和艺术语言凝练最具时代感和冲击力的桥梁造型。

2. 悬索桥桥塔景观设计

不同于斜拉桥的索与塔关系，悬索桥的桥塔与拉索之间的连系仅为一个主缆的锚固点，其桥塔的建筑景观独立性相对突出，因此现代景观桥梁中悬索桥桥塔往往被打造为具有丰富功能的建筑体。可以说，悬索桥桥塔设计是一门综合性的创作艺术，是结构工程与建筑艺术有机结合的产物。悬索桥桥塔的建筑风格十分具有包容性，古今中西的建筑风格都可以应用其中。正是由于悬索桥的这种包容特性，使其桥塔无论采用现代建筑造型还是传统古典造型都能与悬索桥桥型相匹配，且能毫无违和感地传递出建筑所要表达的文化内涵与艺术风格。如图 5-12。

图 5-12　悬索桥桥塔设计案例

如今，悬索桥主要应用于跨江、跨海的特大跨径桥梁工程项目上。在桥梁的整体景观上，悬索桥的外形设计变化相对较少，其建筑艺术与个性化特点的展现主要集中在桥塔造型的美学设计上。

桥塔高度、塔柱剖面尺寸、横梁高度及其剖面尺寸之间适宜的比例关系是悬索桥桥塔造型美学设计的根本。针对如此庞大的桥梁结构体做造型设计，可谓牵一发而动全身，因此其整体造型与结构尺度几乎完全由桥梁结构本身的合理性而决定，桥梁美学创作设计所能发挥的空间相对较小。通常情况下，桥塔塔柱造型、桥塔顶部造型以及塔间横梁造型是桥塔建筑美学实现的三个主要设计点，其中尤其以桥塔横梁的设计最为灵活和重要。横梁造型的设计多种多样，但考虑到桥塔主要的观赏角度为远距离眺望和桥面快速行车视角的短时间观察，因此横梁的设计语言应尽可能简洁、醒目，过多的细节与复杂的装饰都是不可取的，简约、干练的线条和具有标志性的几何图形设计反而最容易给观赏者留下深刻的印象。同时，也要注意横梁的尺度不宜太过厚重，避免桥塔给人以过于笨重的视觉感，或产生令人不适的压迫感。

5.2 结构细部的美学提升设计方法

5.2.1 结构节点美学设计

结构节点是结构上不同构件相互连接的区域，受力上处于力流交汇的关键部位，美学上则能体现细部的结构之美。对于景观桥梁而言，节点设计除了保证受力安全外，在美学上的处理也尤为重要，美观合理的节点构造可以提升桥梁的建造品质。同时，节点作为景观桥梁细部构造的组成部分，常位于视觉交汇之处，对桥梁整体美学的呈现具有画龙点睛的作用，节点的美学设计应予以重点考虑。通常节点的美学设计需重点关注节点连接的简洁合理性、力流传递与扩散的美学表现、加劲构造的节奏与韵律感等方面。如图5-13。

1. 节点连接的简洁合理性

对于造型新颖、结构复杂的景观桥梁，节点型式的简洁合理性非常重要，需要综合考虑受力的可靠性、施工的可行性和外观的美观性。

由于功能或景观造型的需要，桥梁不同的上部结构之间有时会进行连接。这种类型的连接节点，结构处理上通常有"抗"和"放"两种思路。"抗"就是强化结构间的连接强度，使节点能抵抗两者之间的弯矩、剪力、轴力以及扭矩，其代价往往是受力复杂、构造上难以处理；"放"则是通过疏解释放连接结构间的某些约束，使连接受力更明确，达到简化节点构造的效果。

图 5-13　结构节点的美学营造案例

深圳前海 6 号桥的主桥两侧设置了曲线形的人行桥，主桥为混凝土结构的鱼腹式箱梁，人行桥为变截面曲面钢箱梁，两者结合形成高低起伏的梁底曲面如同海浪此起彼伏，形成"海之浪"的意象。人行桥与主桥的连接处理经过了"抗"与"放"的比选，最终选择了节点受力更明确的"放"方案，即在混凝土主梁上设置悬挑梁，其端部设支座以支撑人行桥，并对悬挑梁外形作弧形设计，使其与桥梁整体风格相协调。见图 5-14 和图 5-15。

图 5-14　深圳前海 6 号桥设计案例

图 5-15　深圳前海 6 号桥弧形悬挑梁的设计细节

　　钢结构具有外观轻盈、现代以及自重轻、架设方便等特点，因此在景观桥梁中得到越来越多的应用。常规钢结构节点一般采用管件（或板件）焊接或其他更为复杂的构造型式，易造成节点焊接残余应力偏大、外观质量较差等缺憾。近年来，随着铸造工艺不断提高，铸钢节点在桥梁钢结构中的应用逐渐增多。铸钢节点既具有相贯节点的省材优势和美观效果，又避免了多杆相贯节点焊接中的残余焊接应力问题，加之具有良好的塑性、韧性和可焊性，因此成为现代建筑大跨钢管结构中新兴的重要节点型式。

　　宁常高速公路某跨线桥采用双拱形独塔双索面钢箱梁斜拉桥，索塔为钢管混凝土结构，两塔肢相交，桥立面方向呈 X 形，两塔柱交叉点处设置一道工字形钢横梁连接。从全桥结构受力来看，主塔塔柱交叉点处是受力复杂的关键部位。若采用钢管相贯焊接，则存在焊缝重叠和焊接应力集中问题，形成结构的薄弱部位。经调研与论证，最终采用铸钢节点进行设计，铸钢材质按德国规范 DIN1782 的 GS-20 mn5 标准要求控制。如图 5-16。

　　根据整体受力分析的结果，取塔柱交叉点上方 3 m、下方 2.5 m 的塔肢设计成铸钢节点。根据应力分析结果，铸钢节点的最大应力发生在肢管上，不超过 80 MPa；活荷载下节点的最大应力 22 MPa；若采用塔柱钢管相贯焊接，则节点最大应力超过 200 MPa。如图 5-17。

图 5-16　宁常高速公路跨线桥设计案例

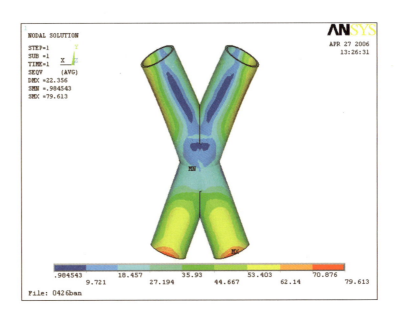

图 5-17　宁常高速公路跨线桥塔柱交叉节点应力云图

该案例表明，塔柱交叉节点采用铸钢节点可以显著降低结构应力水平，提高焊接工艺质量，且造型美观。由此可见，简洁、合理的节点型式对于提高景观桥梁结构的合理性与美观性均具有重要意义。

2. 节点力流传递与扩散的美学表现

对于复杂的景观桥梁结构，其结构节点应具有明确的力流传递与扩散路径。这种情况下一般可通过结构构造形式的塑造展现其力流的分布，同时实现节点受力的合理化。

对于刚构桥等结构的墩梁固结节点，桥体的重力需要通过节点传递给墩柱，墩柱顶部采用截面尺寸逐渐变大的形式与梁体衔接时能呈现出力流传递的形态，符合受力的需要并使墩与梁成为有机的整体。

苏州中心人行桥项目造型独特，为国内首个采用混凝土浇筑的空间异形刚构人行天桥。该桥的墩梁固结节点采用上述理念进行设计，墩柱以大树生长为概念打造有机的雕塑感，实现了桥梁与苏州中心城市环境深度融合，形成了人、自然、桥梁与城市多元共融、和谐共生的有机体。如图5-18。

对于拱桥而言，拱脚节点需要将拱的轴力进行传递，同时承受弯矩等内力，构造尺寸上需进行加强。反之，利用拱脚力流扩散的形态也可以实现拱脚节点的造型优化，形成协调自然的景观效果。

深圳大沙河桥采用简支拱梁组合体系钢桥，一跨跨越大沙河，结构采用纵横梁格体系，桥梁外侧设置钢拱辅助钢主梁受力。钢拱肋整体往外竖向倾斜15°。桥梁拱脚通过构造雕饰法使其端部形态与桥台相结合形成多面锥体造型，实现了力流扩散的视觉引导，塑造"风动河面起涟漪"的动感意象，呼应了"沙河涟漪"的设计主题。如图5-19。

图5-18 苏州中心人行桥设计案例

图 5-19　深圳大沙河桥设计案例

3. 节点加劲构造的节奏与韵律感

对于钢结构桥梁的节点，往往需要设置一些加劲板或加劲结构来保证板件的稳定或结构的锚固传力效果。当这些加劲构造外露时，需对其进行美学设计，可借由重复或规律的变化等组织形式，使之产生美学上的节奏感和韵律感。

南京市太平北路过街天桥采用为桅杆式斜拉桥，主跨 37.8 m，边跨拉索锚点水平距离主塔柱 3.7 m。由于边跨拉索与主塔柱夹角较小，主塔柱顶连接节点的节点板尺寸较大，设计采用三道环形加劲肋对该节点板进行加劲，一方面增强节点板的面外稳定性和传力可靠性，另一方面使大面积的节点板形成分区，避免了单调感。三道环形加劲肋以等间距、变长度的布置形式营造韵律美感。如图 5-20。

图 5-20　南京市太平北路过街天桥设计案例

5.2.2 色彩与材质的美学表现

色彩设计是城市建筑景观和建筑风貌中非常重要的组成，同时也是城市桥梁设计中容易忽视的一环。建筑色彩能够传达建筑材质的特点，同时实现建筑内涵的传递与表达。如图 5-21。

1. 色彩与环境的协调

（1）充分分析城镇风貌和色彩组成，将桥梁色彩与城镇风貌完美融合。

（2）采用"多视角"色彩布局，体现桥梁在多维空间中、不同视角下的色彩景观。

（3）重视"多时序"的色彩景观，营造桥梁在晨、午、昏、晚不同时序下的色彩表现。

图 5-21 具有四季分明景色的"生息之桥"

2. 结构色彩与材质的表现

不同的色彩具有不同的情感表达，不同的材质体现不同的结构气质。桥梁色彩设计要与桥梁的设计主题相契合，同时桥梁的外观材质表现也要能体现桥梁特有的结构气质。桥梁色彩和材质的设计目标是为了突出和强化桥梁的整体造型景观，深化桥梁的创意主题内涵，从而使桥梁实现独特而富有意蕴的总体景观呈现。如图 5-22。

图 5-22 感温变色材料的运用

5.2.3 结构与亮化的一体化设计

1. 亮化设计理念

（1）人本

确定以人为本的设计理念，充分考虑人作为感受主体的因素，除了满足视觉功效的要求，更要满足视觉舒适和愉悦的要求。根据桥梁的特点，针对不同部位的不同视觉要求，综合光学设计的色温、显色性、照度、亮度、眩光控制等因素，创造良好的光环境。

（2）科技

让现代化技术在照明设计上得到充分的应用。在对空间的照度分配、亮度分布、眩光控制等方面的设计过程中，照度值的计算、灯具安装高度的确定、照明灯具的选择、电气设计等，都经过专用工作站的反复周密试验与计算，力求精确，确保达到国际、国内规定的相关标准；在使用灯具、光源上，应用高新技术、新材料。

（3）艺术

在满足照明的功能性前提下，充分利用光的表现力对空间进行艺术再现，巧妙地应用现代照明技术和光的艺术规律，充分展现桥梁建筑的美学，可以使桥梁设计师的艺术创作获得意境独特的效果。

（4）生态

生态是指一种广泛的人文关怀，不仅是充分考虑到周边居民、行人以及观赏者的安全与舒适；并且通过对植物、树木、雕塑等灯光载体的照明，塑造一派生机勃勃的景象。

2. 亮化整体性设计

突出表现桥梁的文化特色，强化桥梁在区域环境中的地标性作用，色彩和内容表达上要与总体城市设计相切合。形态上要彰显桥梁的鲜明个性特征，艺术风格上要能展示区域生态、活力、创新、时尚的城市风貌，如图5-23所示。其表现策略为：

（1）独具特色的亮化灯具与光、色设计

结合桥梁景观设计理念，精心设计灯具的造型、灯光、灯色，并从中反映桥梁景观设计中对文化的追求与滨水特色等。

（2）结构设计与亮化设计统筹考虑

在结构设计阶段便充分考虑景观亮化的需要和特点。在桥梁结构造型的选择上，使白天和夜景均能够充分体现桥梁美感的形式，同时在结构上预留灯光凹槽、管线、灯具位置等。

（3）突出重点，全天候展示桥梁魅力

景观亮化布局要详略得当。以桥梁立面造型展示为重点，以自下而上的投射光带强调桥梁的造型特点以及结构的曲线美。通过带状点光源设置强化纵向人行道的韵律感以及桥塔、拉索等结构线条的动感。同时要在塔顶、梁底、桥头等处形成亮点，利用点、线结合的夜景观格局突出展现桥梁的个性与本质美。

图 5-23　桥梁夜景亮化案例

（4）多手段、多区域、多角度表达桥梁亮化设计景观

夜景亮化设计根据桥梁亮化、水道亮化、驳岸亮化等多种不同区域的亮化性质及要求，利用 LED 数码管、扁五线、洗墙灯、投光灯等亮化灯具，融光于景，以光辅景，以光造景，达到光中有景、景中有光、光景合一的"白天成一画、夜晚成一景"亮化整体效果。通过桥景与水景的复合表达，借由水面光影的映衬，强化桥梁优美的建筑形态，增强桥梁景观的艺术感染力。

3. 钢桁架桥结构与亮化一体化设计案例

钢桁架桥由于具有跨越能力强、受力合理、施工方便等特点而被大量应用于城市人行桥。随着我国城市快速发展和城市人居环境的不断改善，城市人行桥的景观要求越来越高，而且其亮化设计也越来越重要。

钢桁架桥主要由上弦杆、下弦杆、腹杆、上平联和桥面系等组成，目前城市的人行钢桁架桥的腹杆多采用 N 形或三角形布置、上平联撑杆多采用一字形布置的结构形式，亮化需要在结构上敷设明线并且灯具外露影响人行桥白天的景观效果。

为了解决上述问题，东南大学景观桥梁创作设计团队研发了一种结构与亮化一体化设计的城市人行钢桁架桥如图 5-24。

 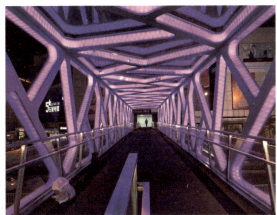

图 5-24　结构与亮化一体化设计案例

该钢桁架桥的主桁和上平联增设装饰杆件，装饰腹杆与主桁和上平联的受力杆件交错布置使主桁立面和上平联平面均形成冰裂纹花窗形态，并且钢桁架桥的主桁和上平联的杆件采用带凹槽的箱形截面或工字型截面，自然形成安装亮化灯具的所需空间，并利用透光板对凹槽进行封闭，从而实现了结构与亮化一体化设计，具有以下有益效果：

（1）钢桁架桥的主桁和上平联增设装饰杆件，装饰杆件与受力杆件交错布置使主桁立面和上平联平面形成冰裂纹花窗的效果，提升了天桥的景观效果和人文气息。

（2）钢桁架桥的主桁和上平联的杆件采用带凹槽的箱形截面或工字型截面，自然形成安装亮化灯具的所需空间，并利用透光板对凹槽进行封闭，避免了亮化灯具的外露。

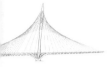

（3）透光板同时作为结构杆件的装饰面板，改善了杆件在白天的外观效果；亮化采用的LED点光源可以通过编程控制颜色的变化，透光板形成若干个色彩变幻的发光环，桥梁夜景的亮化效果美轮美奂。

（4）钢桁架桥各杆件的发光面均朝向桥上行人方向，一方面为行人构成绚丽多彩的行走空间；另一方面，当桥梁跨越城市道路时不会干扰桥下行车的视线。

Chapter 6

第 6 章
景观桥梁 BIM 应用技术

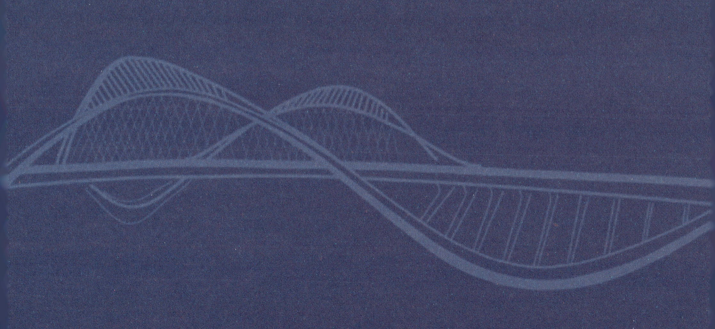

6.1 景观桥梁参数化设计理论

6.1.1 景观桥梁参数化设计概述

1. 景观桥梁二维设计的问题

为满足景观外形要求，景观桥梁结构往往会沿着三维空间曲线布置，其形态通常伴随倾斜、扭转、拉伸等几何变化。因而相对于常规桥梁，景观桥梁外形非常复杂，采用传统的二维CAD设计方法很难满足设计要求，这些设计问题主要反映在以下几个方面。（图6-1）

图6-1 景观桥梁曲面造型非常复杂

（1）桥梁造型难以准确表达

对于常规桥梁，桥梁平面、立面以及横断面的轮廓线通常为直线或者圆弧组成的较规则图形，其线形可直接在平面绘图软件中绘制。而对于结构轮廓线为三维空间曲线的景观桥梁，则很难直接绘制其三视图轮廓线，即使根据想象绘制出轮廓线，也难以保证该三视图轮廓线所确定的三维形态能满足设计外观要求，经常会出现三视图轮廓线是平顺的而其合成的三维线形却是扭曲的情况。因此，造型复杂的景观桥梁图纸难以通过二维设计准确表达。

（2）桥梁构件尺寸难以精确表述

受到弯桥、纵坡、横坡、桥梁曲面造型等因素影响，景观桥梁构件的尺寸及布置往往各不相同，采用二维设计不但难度大而且工作量也很大。尤其对于受到多重约束关系影响的复杂节点构件，其尺寸往往无法通过计算得到，难以通过二维设计精确表述。

（3）构件空间位置关系难以确定

景观桥梁内部构件之间、拉索与净空之间、地下管线与桥梁基础之间等空间位置关系难以通过二维图纸中准确定位，因而仅借助二维设计过程中难以准确判定各工程设施之间是否会发生空间位置冲突。

（4）方案调整频繁

由于景观桥梁的外观造型方案往往需要经过多次优化、调整才能稳定，即使方案稳定了，在后续深化设计的过程中也可能会出桥梁外形或者局部构造需要再次调整的情况，因而增加了绘图工作量，另外多次修改图纸也容易产生错误。

2. 景观桥梁参数化设计工具

参数化设计的应用主要体现在两个方面。一方面以建筑表皮的参数化设计为代表，通过编写算法规则并调整参数实现建筑表皮的外观三维设计，这可以用于创作方案找形的过程，也可以用于实现设计师已有创作方案的过程。另一方面以精密制造业领域的参数化设计为代表，如汽车、船舶设计等，通过参数将机械的所有零部件按照设计规则关联起来，使之成为一个关联性极强的系统。景观桥梁整体造型具有建筑的表皮特性，桥梁内部构件具有机械的精密特性，因此纵观景观桥梁的整个设计过程，其参数化设计的内容也同时包含了这两个方面。这两方面的参数化应用采用了不同的参数化设计工具，前者需要较高的灵活性，以Rhino+Grasshopper平台为代表，后者需要较高的精密性，以Catia平台为代表。

Grasshopper是一款采用节点式编程的参数化设计软件。可视化程序设计最大的优点是：设计人员在应用程序设计的过程中，无须编写或只需编写少量程序代码就能完成工作目标，能极大提高工作效率。节点式编程主要是将各种程序的命令封装成一个个具有特殊功能的节点，并在它们之间以及它们与操作对象之间按照设计的逻辑进行关联操作，形成一个以节点和关联构成的逻辑行为流程。节点式编程模式较早应用于一些数字娱乐行业与虚拟现实行业软件中，目前被越来越多地引入到三维图形设计软件中。比如近几年在Revit平台上开发的Dynamo可视化节点式程序算法设计插件，即与Grasshopper类似。由于Revit的曲面参数化建模功能较弱，Dynamo的加入可以在很大程度上弥补这一弱势。相比于Grasshopper，Dynamo在基于逻辑算法的建模方面仍然有很多限制，功能上需要进一步优化。就目前市场上的实际应用来看，Rhino+Grasshopper仍是功能相对完善和应用广泛的、基于逻辑算法的可视化节点式程序设计问题解决平台。

Catia是一款采用层级式保存设计过程的参数化设计软件，层级式的优势主要体现在对整个系统的高效管理，越是复杂的设计系统，其清晰的层级式管理所带来的效益越高。因此该软件广泛应用于精密机械设计领域。

Grasshopper和Catia都是功能强大的参数化设计工具，二者应用的优势点各有不同，对于复杂的景观桥梁项目，通常需要将这两类参数化设计软件进行配合使用。

3. 景观桥梁参数化设计的优势

景观桥梁参数化设计的优势主要体现在精确复杂形体的创建实现、批处理设计效率的提高、方案修改调整工作量的简化以及采用可视化节点式逻辑算法对编程效率的提升等方面。

参数化设计可以实现以数学逻辑为创作核心的精确复杂形体的创建，这是采用纯手工建模难以完成的。传统工程建设领域使用的三维建模软件多为3ds max，并且可以直接基于3ds max平台进行效果展示。3ds max与AutoCAD等软件的数据对接良好，对于一般的项目，采用3ds max软件来进行设计，效率很高。然而3ds max平台建模没有量化实现的途径，建模的过程更像是捏橡皮泥；没有参数控制，且3ds max对NURBS曲线设计的支持较差，主要采用多边形建模的方式，无法创建高精度模型。在整个设计过程中，模型均是由手工一点点"捏"出，并无确切的数学逻辑在内，甚至有些较为复杂的设计案例难以利用 3ds max 进行实现。而在参数化设计过程中，模型的外形均由逻辑算法及相应参数控制，也可以通过设置参数来控制模型精度，完全能够满足施工的精度要求，甚至可以实现绝对意义上的精确。

参数化设计不仅可以解决复杂程度很高的问题，更可以极大地提高设计效率，尤其是那些在设计过程中需要批量化处理的问题。景观桥梁不仅造型复杂多变，且附属设施复杂，构件类型繁多。桥梁中心线设计需与道路设计保持一致，随着路网的延伸，桥体本身的横坡、纵坡、平面弯曲等几何要素特征，依附于桥体构造分布于三维空间中，无明显规律。这种状况下，利用编写程序解决批处理问题，效率无疑是极高的。设计中之所以选择 Rhino + Grasshopper 参数化设计平台，是因为它采用树状的数据结构，对数据的编辑更直观方便。

参数化设计可以将设计的历史过程保留在所编写的算法及设置的参数中。其很大的价值在于它是以自己独特的方式完整记录了从起始模型到最终模型的建模过程，从而达到通过简单改变起始模型或相关变量就能改变模型最终形态的目的。当方案逻辑与建模过程联系起来时，便可以通过调整参数直接改变模型形态；将模型的尺寸、位置及模型间的尺寸位置关系通过逻辑算法及参数联系起来可以极大提高方案的调整与修改效率。在桥梁设计过程中，桥体的造型方案需要进行反复推敲、修改才能最终满足业主方的要求，而且在进行结构受力分析后，通常还需要对桥体结构进行再调整以满足桥梁的结构需求。桥体的结构及附属设施等均依赖于桥梁整体布局，若桥体整体造型需要调整修改，则对应的所有模型都需要进行修改。通过建立参数化逻辑算法，只需调整少量的相关参数即可完成所有整体造型相应的修改，极大简化了方案修改调整的工作量。

4. 景观桥梁参数化设计应用价值

（1）参数化设计

参数化设设一般是指所涉及对象的结构关系比较固定，可采用一组参数来约束其拓扑关系，并通过改变该组参数进而实现整体图形的改变。设计过程中可将构件尺寸及位置等设置为参数，当方案调整时可以通过调整相关参数快速获得调整后的结果。通过参数控制模型不会因建模过程中的误操作改变构件尺寸或位置，具有很高的精度和准确度。如图 6-2 所示，在桥梁设计过程中，若需要对桥梁中心线进行修改、调整，在此过程中，桥体各构件间的位置关系不发生变化。这时，只要将桥体线形设置为输入参数，直接将修改好的线形参数替换原参数即可实现模型的修改。

（2）批量化设计

尽管景观桥梁的构件尺寸各不相同，但是构件的形状通常是受特定原则的约束，通过定义该原则即可实现构件的批量化设计。构件的尺寸及定位参数也可以通过程序批量获得。批量化设计可以极大提高参数化设计的效率。如图 6-3。

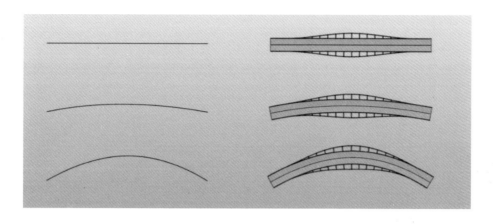

图 6-2　参数化设计实现线形对模型的实时控制

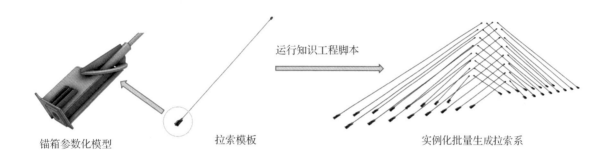

图 6-3　批量生成所有拉索锚固构件

（3）精细化设计

景观桥梁构件繁多，构件间空间位置关系复杂，极容易出现构件间的位置冲突。采用参数化设计手段可以实现景观桥梁各部分构件的精细化设计，从源头解决构件间的碰撞问题，减少设计错误，提高设计品质。如图 6-4。

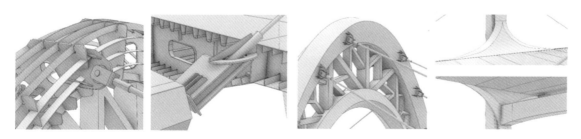

图 6-4　精细化模型构件

（4）可视化设计

通过三维场景可以直观查看工程项目与环境的关系、项目各专业部件之间的关系，调整过程也直接在三维环境中进行，直观清晰。图6-5所示为参数化模型在虚拟现实场景中的效果展示。

图6-5　虚拟现实场景

6.1.2　景观桥梁参数化设计流程

1. 正向设计工作流程

景观桥梁的参数化设计过程并非是独立的，更不是设计完成后的翻模工作，而是贯穿、融入全过程设计流程中，并与设计的各个环节紧密联系的正向设计过程。在方案设计、初步设计、施工图设计阶段均发挥不同的作用。

在方案设计阶段，为了让业主理解方案的设计构想，通常需要制作方案效果图，也就需要构建方案的三维效果模型。效果模型可由专业建模人员依据方案设计人员的手稿创建，或直接由方案设计人员创建。效果模型主要用来表达方案效果，模型大体尺度及造型符合创作需求即可，对于模型的尺寸精度要求相对较低，因此效果模型大多不是参数控制的参数化模型（参数化找形的方案模型除外），而是通过拖拽曲线控制点、多边形网格控制点生成的模型。通过拖拽创建模型的过程比较灵活方便，利于方案的高效调整，因此方案阶段多用此方法创建效果模型来展示方案。

方案及效果模型稳定后，即可进入初步设计的深化阶段，该阶段需要对桥梁进行结构计算分析。根据效果模型获取桥梁结构的轴线，将轴线导入结构分析软件，赋予截面进行结构分析，得到符合计算要求的桥梁跨径、截面尺寸等关键参数。根据参数以及效果模型即可创建初始参数化模型。初始参数化模型大多仅为结构外壳模型，不包括桥梁内部的板件、钢束等，也不包括复杂节点的设计。

由结构设计所得参数创建的模型与方案阶段的模型通常会存在偏差。初始参数化模型创建完成后，需由方案设计人员审查是否满足方案造型要求，若需调整则还要征求结构设计人员的意见。模型可依据各方的讨论成果，以参数修改方式随时进行调整，直至得到既满足外形要求又满足结构要求的参数化模型。通过这种交互式反馈的工作流程，可避免结构设计与方案设计出现较大偏差，达到结构与美的平衡统一。

施工图深化设计阶段,则以初步设计模型为基础完成其内部构件的参数化设计。在这个过程中需要注意桥梁构件的空间位置关系,避免冲突。施工图阶段的参数化设计最基本的两个应用是通过模型进行数据输出以及图纸输出。复杂形式景观桥梁有很多构件的尺寸是不规则的,构件定位角度及相互的位置关系是复杂多变的,这些构件的尺寸参数及定位数据则可以由施工图阶段的参数化模型批量导出,以满足精确施工需要。对于空间位置关系复杂的节点以及尺寸不规则的截面等,均可由施工图阶段的参数化模型生成图纸来表述。总之,由模型生成数据及图纸的参数化设计应用,体现了设计的高效与准确。

综上所述,可以总结出参数化正向设计流程如图 6-6 所示。

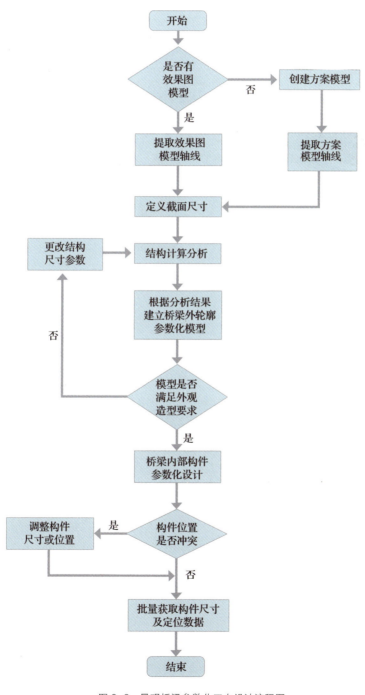

图 6-6　景观桥梁参数化正向设计流程图

2. 协同设计工作过程

景观桥梁的参数化设计过程也是一个协同设计的工作过程。该协同过程可以分解为专业间的协同和专业内部的协同。与景观桥梁设计联系紧密的专业主要包括桥梁、道路、景观、管线专业等，各专业可在参数化设计平台中同步开展设计工作，这种协同设计模式可以减少因专业间缺少沟通而产生的问题。对于结构形式复杂的景观桥梁，其各个结构部分通常由不同的桥梁设计人员完成，如主梁、拱肋、桥塔、桥墩等，因此桥梁专业的参数化设计过程可按照各成员负责内容的不同来进行分解，分解后的工作内容也可利用参数化设计平台进行协同设计，保证景观桥梁的参数化设计过程有序、同步进行。见图6-7所示。

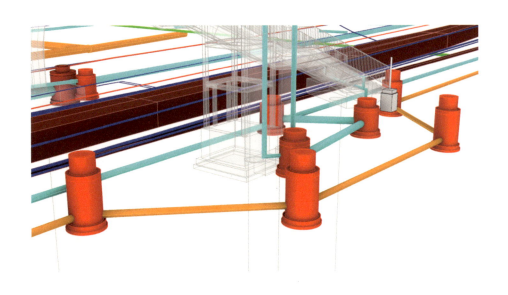

图6-7　桥梁专业与管线专业协同设计成果

6.2　景观桥梁参数化设计方法

参数设置是参数化设计的核心，合理的参数设置可以快速实现设计过程中的变更调整；不合理的参数设置不仅无法帮助设计过程，反而会降低设计效率。桥梁设计的过程中存在大量的可控数据，参数的甄别、挑选以及参数之间逻辑关系的规定都需要合理适宜的判断。本节将介绍景观桥梁结构各部分的参数化设计方法。

6.2.1 连续梁参数化设计

在前期方案阶段及初步设计阶段,参数化设计的内容主要为连续梁梁体外轮廓表皮的设计,后期施工图设计阶段的参数化设计内容则主要为连续梁梁体内部构件的设计;二者的参数化设计思路与方法有较大差异。景观桥设计中,连续梁上部构造梁体最常选用的是箱梁方案,因此本节内容主要就箱梁方案,分为梁体外轮廓参数化设计与梁体内部构件参数化设计两个小节进行说明。

1. 梁体外轮廓参数化设计

梁体通常沿道路中心线呈线状布置,其外轮廓的参数化设计主要由梁体边线控制。对于箱梁方案而言,梁体边线一般受桥宽、梁高、边腹板斜率等参数影响,因此可通过梁体边线的参数化设计进而实现该类梁体外轮廓的参数化设计过程。

(1)参数化表达模型

① 箱梁方案梁体外轮廓参数化表达模型

$$M = (L + A + B + C) \times S$$

式中:M 为梁体外轮廓;L 为三维道路中心线;A 为顶板边线;B 为底板立面边线;C 为边腹板边线;S 为横断面轮廓线。

② 三维道路中心线参数化表达模型

$$L = \sum_{k=1}^{n}[L(x_k, y_k, z_k)] = \sum_{k=1}^{n}[P(x_k) \times P(y_k) \times S(y_k)] \times \varphi$$

式中:L 为三维道路中心线;$L(x_k, y_k, z_k)$ 为三维道路中心线控制点;$P(x_k)$ 为道路中心线平曲线控制点 x 坐标;$P(y_k)$ 为道路中心线平曲线控制点 y 坐标;$S(y_k)$ 为道路中心线竖曲线控制点 y 坐标;n 为分段数量;φ 为位置修正系数。

(2)轮廓线参数化设计(图6-8)

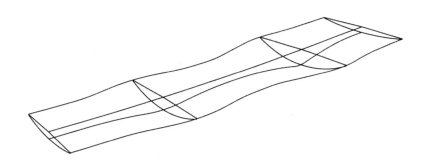

图6-8 梁体轮廓线

① 三维道路中心线参数化设计

对平曲线进行定数等分点，取等分点的 x 坐标和 y 坐标作为三维道路中心线控制点的 x 坐标和 y 坐标；对竖曲线在 x 轴的投影线进行定数等分，数量与平曲线等分数量一致，将等分点沿着 y 轴方向投影到竖曲线上，取投影点的 y 坐标作为三维道路中心线控制点的 z 坐标。将三维道路中心线控制点顺次相连即可得到三维道路中心线，再将中心线摆放到所需位置即可。

② 顶板边线参数化设计

若梁体等宽，偏移三维道路中心线即可得到顶板边线。若梁体变宽，则可在绘制出变宽的顶板边线的平面图，变宽部分多为三次抛物线。通过三维道路中心线建立带有横坡的宽度大于梁体最大宽度的等宽顶板面，将梁体顶板变宽平面曲线沿着 z 轴方向投影到带横坡的等宽顶板面上，即可得到变宽梁体的顶板边线。

③ 底板立面边线参数化设计

若梁体变高，则可绘制出底板线的立面图，变高段多为二次或高次抛物线。若为弯桥则底板线的立面图应沿道路中心线展开绘制，将展开线沿道路中心线进行扭曲得到三维底板立面边线。

④ 边腹板线参数化设计

边腹板线的参数化设计过程可参照梁体顶板边线参数化设计过程。

上述四类曲线的参数化设计过程完成后，再根据横断面轮廓线即可建立桥梁的顶面、底面、边腹板面、悬臂面等模型，将这些面组合即可得到梁体的外轮廓模型。如图 6-9。

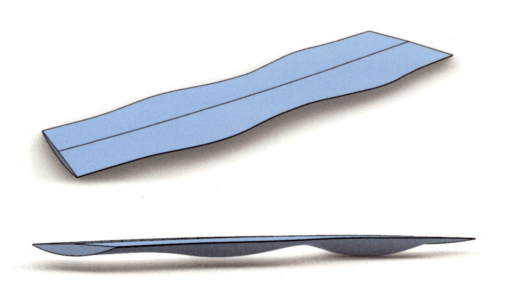

图 6-9　梁体外轮廓模型

2. 梁体内部构件参数化设计

在后期施工图设计阶段主要为梁体内部构件的参数化设计。采用箱梁方案的梁体按内部构件构造的不同分为混凝土箱梁参数化设计和钢箱梁参数化设计。

参数化表达模型：

① 混凝土箱梁参数化表达模型（图6-10）

$$M_1 = DHL(b_1) + ZHL(p_1, b_2) + F(p_2, b_3) + H(p_3, b_4) + P(b_5) + Q(b_6) + XS(u, v)$$

式中：M_1 为混凝土箱梁模型；$DHL(b_1)$ 为混凝土箱梁端横梁，b_1 为混凝土箱梁端横梁厚度；$ZHL(p_1, b_2)$ 为混凝土箱梁中横梁，p_1 为混凝土箱梁中横梁位置，b_2 为混凝土箱梁中横梁厚度；$F(p_2, b_3)$ 为混凝土箱梁腹板，p_2 为混凝土箱梁腹板位置，b_3 为混凝土箱梁腹板厚度；$H(p_3, b_4)$ 为混凝土箱梁横隔板，p_3 为混凝土箱梁横隔板位置，b_4 为混凝土箱梁横隔板厚度；$P(b_5)$ 为混凝土箱梁顶板，b_5 为混凝土箱梁端顶板厚度；$Q(b_6)$ 为混凝土箱梁底板，b_6 为混凝土箱梁端底板厚度；$XS(u, v)$ 为混凝土箱梁箱室，u 为混凝土箱梁横隔板位置，v 为混凝土箱梁横隔板厚度。混凝土箱梁在此阶段的参数化设计内容主要为其内部的箱室构造，若有需求可再增加预应力钢束或者普通钢筋的参数化设计。

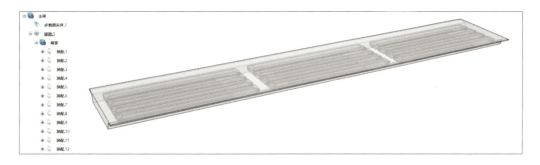

图6-10 混凝土箱梁参数化模型

② 钢箱梁参数化表达模型

$$M_2 = \sum_{k=1}^{n}[m(k)]$$

$$m(k) = ZL(p_{1k}, s_{1k}, t_{1k}) + HL(l_{2k}, p_{2k}, t_{2k}) + FL(l_{3k}, p_{3k}, t_{3k}) + H(p_{4k}, q_{4k}, s_{4k}, t_{4k}) + XB(p_{5k}, k_{5k}, t_{5k}) + F(p_{6k}, t_{6k})$$

式中：M_2 为钢箱梁模型；$m(k)$ 为钢箱梁节段；n 为钢箱梁节段数量；$ZL(p_{1k}, s_{1k}, t_{1k})$ 为钢箱梁纵肋，p_{1k} 为钢箱梁纵肋位置，s_{1k} 为钢箱梁纵肋截面形式，t_{1k} 为钢箱梁纵肋板厚；$HL(l_{2k}, p_{2k}, t_{2k})$ 为钢箱梁横隔板肋，l_{2k} 为钢箱梁横隔板肋长度，p_{2k} 为钢箱梁横隔板肋位置，t_{2k} 为钢箱梁横隔板肋板厚；$FL(l_{3k}, p_{3k}, t_{3k})$ 为钢箱梁腹板肋，l_{3k} 为钢箱梁腹板肋长度，p_{3k} 为钢箱梁腹板肋位置，t_{3k} 为钢箱梁腹板肋板厚；$H(p_{4k}, q_{4k}, s_{4k}, t_{4k})$ 为钢箱梁人孔，p_{4k} 为钢箱梁横隔板位置，q_{4k} 为钢箱梁横隔板人孔位置，s_{4k} 为钢箱梁人孔截面形式，t_{4k} 为钢箱梁横隔板板厚；$XB(p_{5k}, k_{5k}, t_{5k})$ 为钢箱梁悬臂，p_{5k} 为钢箱梁悬臂位置，k_{5k} 为钢箱梁悬臂斜率，t_{5k} 为钢箱梁悬臂板厚；$F(p_{6k}, t_{6k})$ 为钢箱梁中腹板，p_{6k} 为钢箱梁中腹板位置，t_{6k} 为钢箱梁中腹板板厚。

钢箱梁在此阶段的参数化设计内容主要为横断面设计，通常可将横断面草图放置在横隔板所在位置处，通过横断面线创建腹板、横隔板、悬臂腹板及翼缘板、顶底板纵肋、腹板加劲肋等构件。如图 6-11 所示。

钢箱梁外轮廓节段模型

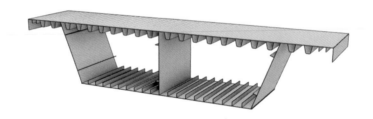

添加纵肋钢箱梁节段模型

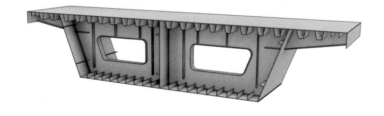

添加纵肋与横隔板节段模型

图 6-11　横断面参数化设计示意

6.2.2 拱参数化设计

相比于连续梁形态受道路中心线约束，拱桥的拱肋在三维空间内可以有更加丰富的变化，其参数化设计的过程也相对复杂一些，主要包括两部分内容：拱轴线的参数化设计以及拱肋断面的参数化设计。

1. 拱肋中心线参数化设计

（1）提取拱肋中心线

若项目前期的拱肋效果网格模型并未依据拟定或已有的拱肋中心线而创建生成（图6-12），此时，若需进行拱肋中心线参数化设计，就必须对已建模型进行拱轴线提取，为参数化设计提供依据。对已建模型的拱肋中心线提取过程如下：

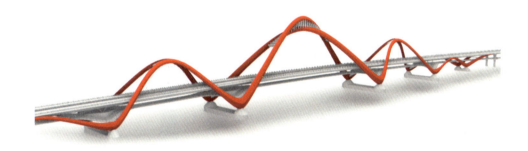

图6-12 无中心线拱肋模型

① 提取拱肋边线，若模型为Nurbs曲面则可将模型炸开提取边线，若模型为网格模型则可应用Lunchbox的Mesh Edges运算器提取边线；

② 将拱肋边线分段并提取其法平面；

③ 获得法平面与拱肋模型交线；

④ 获得交线的截面形心，将形心点顺次相连获得拱肋的近似拱轴线。

拱肋中心线提取过程示意如图6-13所示。

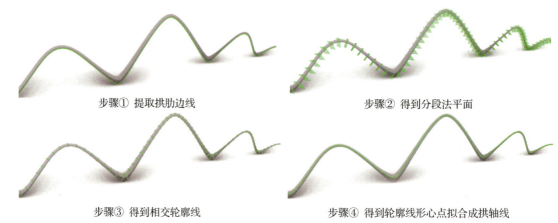

步骤① 提取拱肋边线

步骤② 得到分段法平面

步骤③ 得到相交轮廓线

步骤④ 得到轮廓线形心点拟合成拱轴线

图 6-13 拱肋中心线提取过程

（2）绘制拱肋中心线

若无可供参照的效果模型，则拱肋的中心线需要自行绘制。当拱轴线设计在平面内时，则可直接在平面内绘制草图，线形以直线、圆弧、高次抛物线、样条线等构成；当拱轴线为三维空间曲线时，则可通过先定位三维空间点再将点顺次连接成三维空间样条线，或者直接绘制三维空间样条线并拖拽控制点达到需要的效果。通过三维空间点定义拱轴线的参数化表达模型如下：

$$C = \sum_{k=1}^{n} [c(x_k, y_k, z_k)]$$

式中：C 为拱轴线；$c(x_k, y_k, z_k)$ 为拱轴线控制点，x_k 为拱轴线控制点 x 坐标，y_k 为拱轴线控制点 y 坐标，z_k 为拱轴线控制点 z 坐标；n 为拱轴线控制点数量。

2. 拱肋参数化设计

（1）拱肋外轮廓参数化表达模型

$$E = \sum_{k=1}^{n} [e(k) \times C]$$

$$e(k) = p_k \times s_k \times a_k$$

式中：E 为拱肋外轮廓；$e(k)$ 为拱肋控制截面；n 为拱肋控制截面数量；C 为拱轴线；p_k 为拱轴线控制断面位置；s_k 为拱轴线控制断面形状；a_k 为拱轴线控制断面旋转角度。

拱肋控制断面通常布置在拱顶和拱脚处拱轴线的法平面上，拱肋模型通过拱肋控制断面与拱轴线即可创建。若创建的拱肋模型出现扭转或拱肋模型整体不够平顺，可在扭转或者不顺处添加拱肋控制断面，直到生成的拱肋曲面满足设计需求为止。如图 6-14。

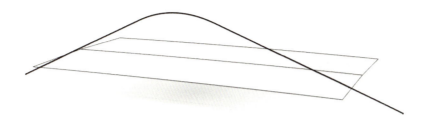

拱肋轴线

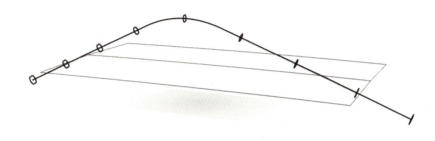

拱肋控制断面

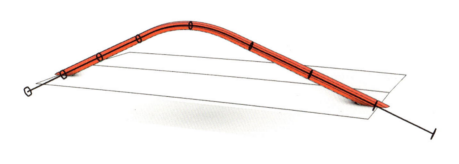

拱肋外轮廓

图 6-14 拱肋参数化设计示意

(2) 拱肋内部构件参数化表达模型

$$N = [ZL(p_1, s_1, t_1) + H(p_2, s_2, t_2)] \times p$$

式中：N 为拱肋内部构件；$ZL(p_1, s_1, t_1)$ 为拱肋纵肋，p_1 为拱肋纵肋位置，s_1 为拱肋纵肋截面形式，t_1 为拱肋纵肋板厚；$H(p_2, s_2, t_2)$ 为拱肋横隔板，p_2 为拱肋横隔板人孔位置，s_2 为拱肋横隔板人孔截面形式，t_2 为拱肋横隔板板厚；p 为拱肋横隔板位置。

3. 多肢多连杆拱体系参数化设计

多肢多连杆拱体系参数化表达模型为:

$$F = \sum_{i=1}^{m} u(i) + \sum_{j=1}^{n} v(j)$$

$$u(i) = p_i \times a_i \times f_i(l, h) \times s_i$$

$$v(j) = p_i \times s_j$$

式中:F 为多肢多连杆拱体系;$u(i)$ 为拱肋结构,p_i 为拱肋位置,a_i 为拱肋倾角,f_i 为拱轴线形态,l 为拱肋跨径,h 为拱肋矢高,s_i 为拱轴线截面形状;$v(j)$ 为连杆结构,p_j 为连杆位置,s_j 为连杆截面形状;m 为拱肋数量;n 为连杆数量。通过参数的调整可以获得多肢拱不同形态的结构体系方案(如图6-15)。

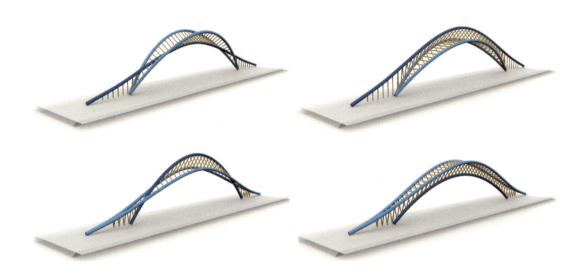

图6-15 不同参数的结构体系方案

6.2.3 索参数化设计

由于空间拉索的角度各不相同,致使拉索的锚固构件尺寸也各不相同。尤其在受到平曲线、纵坡、横坡等叠加因素影响的情况下,描述锚固构件角度以及尺寸的三角函数需进行多次坐标变换,其正确函数关系式的求取过程非常复杂且易出错,此时传统的二维CAD设计方法难以满足设计要求。而BIM技术应用是依托精确的三维模型展开的,模型的建立采用正向设计思路与设计同步进行。模型参数化功能的最大优势就是可通过修改参数对模型结构进行快速调整,使桥梁设计的调整、优化过程得以高效实现。

BIM 参数化模型的创建及数据批量提取的工作是整个 BIM 参数化正向设计流程中的关键所在。在 BIM 三维参数化设计软件中可以定义多个局部坐标系，并可直接在局部坐标系内创建锚固构件模型。模型创建完成后，可通过程序批量提取模型尺寸参数信息，因此该过程可直接通过三维模型获取施工图纸所需构件的设计参数，无须手动计算，提高了获取数据的效率及准确性。

本节针对空间索结构设计实现过程中与三维空间相关的常见问题，通过 BIM 三维参数化设计手段，研究了空间拉索参数化找形设计及其结构构件的精确参数化设计，总结出一种通用的空间缆索结构 BIM 三维参数化设计方法。

1. 空间拉索参数化设计

空间拉索参数化表达模型：

$$F_1 = [u(x_1, y_1, z_1, m) + v(x_2, y_2, z_2, n) \times \varphi \times s]$$

式中：F_1 为空间拉索模型；$u(x_1, y_1, z_1, m)$ 为拉索塔端锚固点位置，x_1 为拉索塔端锚固点纵桥向偏移值，y_1 为拉索塔端锚固点横桥向偏移值，z_1 为拉索塔端锚固点竖向偏移值，m 为拉索塔端锚固点定位参照元素；$v(x_2, y_2, z_2, n)$ 为拉索梁端锚固点位置，x_2 为拉索梁端锚固点纵桥向偏移值，y_2 为拉索梁端锚固点横桥向偏移值，z_2 为拉索梁端锚固点竖向偏移值，n 为拉索梁端锚固点定位参照元素；φ 为拉索外径；s 为拉索编号。

其中 m 通常选取索塔中心线、索塔边线、索塔外壁曲面等元素，n 通常选取主梁顶板、底板、边腹板等元素。

单根拉索的形态为直线且无法改变，只有多根拉索一起才能形成具有韵律的空间关系。拉索为锚固点之间的连线，因此一组拉索的形态仅受拉索锚固点位置的影响。参照空间拉索参数化表达模型，在三维参数化设计软件中将 $x_1, y_1, z_1, m, x_2, y_2, z_2, n$ 这八个值设置为可调整参数，研究这几个参数的变化对空间索结构的形态的影响。

通过调整参数发现，由于拉索必须锚固在主梁、索塔、拱肋等桥梁构筑物上，$x_1, y_1, z_1, x_2, y_2, z_2$ 这六个偏移值通常取值范围有限，对拉索空间形态影响较小。n 为主梁中心线，可变化范围也很小，而 m 的选取则对拉索空间形态的影响较大。由于拉索锚固点有正向和反向两种顺序连接，因而每个 m 参照元素对应两种拉索空间形态。图 6-16 所示为 m 选取为竖直向索塔中心线与弧形拱肋中心线时的拉索空间形态。

因此，对于空间拉索的参数化找形设计，m 参照元素的选择尤为重要。在参数化设计过程主要通过调整 m 参照元素的形态来获得所需拉索形态，大体形态确定后再根据 $x_1, y_1, z_1, x_2, y_2, z_2$ 这六个偏移值进行锚固点的定位，完成拉索形态的设计。

2. 空间拉索锚固构件参数化设计

拉索结构不仅是锚固点之间的连线，其与索塔、主梁等结构物也需要进行锚固连接。在拉索锚固点、拉索形态确定后，需要完成拉索的锚固设计。由于空间索面拉索的角度各不相同，因而导致与拉索角度密切相关的拉索锚固构件成为具有空间倾角的三维结构物。拉索锚固的空间范围通常受到限制，只有通过精细化设计才能确保锚固构件在有限的锚固空间内实现合理化布置。此过程参数化的实现与上一节的参数化找形不同，需要更精细的三维参数化设计模型才能完成。

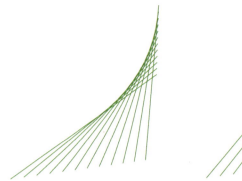

m 选取为索塔中心线

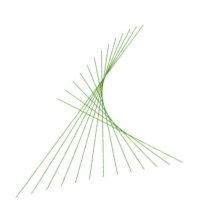

m 选取为弧形拱肋中心线

图 6-16　m 参照元素选择对拉索形态的影响

空间拉索锚固构件参数化表达模型：

$$F_2=[u(x,y,z,m)\times v(a)\times w(\beta,n)]\times p(a_1,a_2,\dots,a_n)\times t\times s$$

式中：F_2 为拉索锚固构件模型；$u(x,y,z,m)$ 为拉索锚固点位置，x 为拉索锚固点纵桥向偏移值，y 为拉索锚固点横桥向偏移值，z 为拉索锚固点竖向偏移值，m 为拉索锚固点定位参照元素；$v(a)$ 为锚固构件定位平面，a 为拉索方向；$w(\beta,n)$ 为构件定位平面局部坐标系 x 轴方向，β 为构件定位平面局部坐标系 x 轴与参照线夹角，n 为构件定位平面局部坐标系 x 轴定位参照线；$p(a_1,a_2,\dots,a_n)$ 为锚固构件定位平面内轮廓线，$a_1,a_2,\dots,a_n$ 为锚固构件定位平面内轮廓线各边；t 为构件板厚；s 为构件编号。

（1）定义拉索锚固模板

拉索锚固形式通常为耳板、锚箱、锚梁三种形式。锚梁的构件形态受索塔外形的影响较大，但耳板和锚箱的形式变化相对固定或有规律可循。因此依据耳板和锚箱锚固构件的几何形态构成规律，结合空间拉索锚固构件参数化表达模型，制作通用的耳板模板和锚箱模板，然后结合不同项目的需求直接利用其所对应的模板生成模型，并通过调整模板参数使模板满足当前应用项目的设计要求。

对于耳板锚固模板，将$v(a)$设置为通过拉索所在直线的平面，该平面的选择依据具体项目的设计需求进行确定。将$w(\beta, n)$设置为耳板与其锚固结构物（主梁、索塔等）相交线的方向。在该局部坐标系内设置$p(a_1, a_2, \ldots, a_n)$参数绘制出耳板轮廓线，拉伸成实体即得到耳板锚固模板。对于不同的项目仅需替换拉索直线方向、与耳板相交结构物模型并调整耳板轮廓线尺寸参数即可完成模板的更新调整，实现模板的通用。如图6-17。

对于锚箱锚固模板，将$v(a)$设置为拉索线在锚固点位置处的法平面，根据项目具体需求设置$w(\beta, n)$方向。在锚箱局部坐标系内设置$p(a_1, a_2, \ldots, a_n)$参数绘制出锚箱构件轮廓线，拉伸成实体即得到锚箱锚固模板。对于不同的项目仅需替换拉索直线方向、$w(\beta, n)$方向并调整锚箱轮廓线尺寸参数即可完成模板的更新调整，实现模板的通用。如图6-18。

图6-17　通用耳板模板

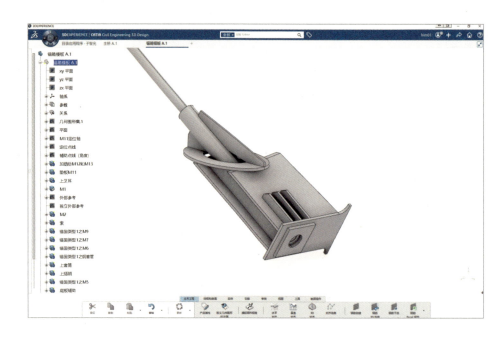

图 6-18　通用锚箱模板

（2）拉索锚固模板批量实例化

对于单根拉索，锚固构件数量少，修改模板速度较快。然而整座桥梁一般有几十根甚至上百根拉索，若全部手动修改参数化模型则费时、费力。因此，需要利用批量创建参数化模型的方法解决此问题。通过程序批量调用拉索锚固模板，可实现拉索锚固模型的批量化建模。

拉索模板的批量生成：在 Catia 软件的知识工程系统内编写程序，程序会按顺序自动选择锚固点集合内的拉索锚固点并复制模板，完成复制后继续上一步操作直到所有锚固点被选择完成，即依据模板生成了所有拉索的锚固模型。其流程见图 6-19。

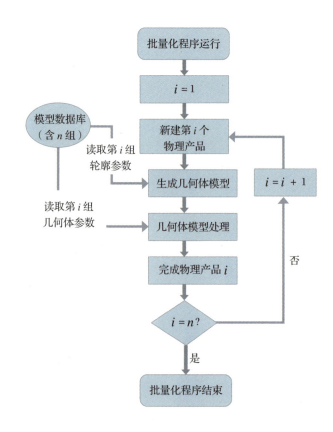

图 6-19　批量生成拉索模板程序流程图

Chapter 7

第 7 章
综合应用案例

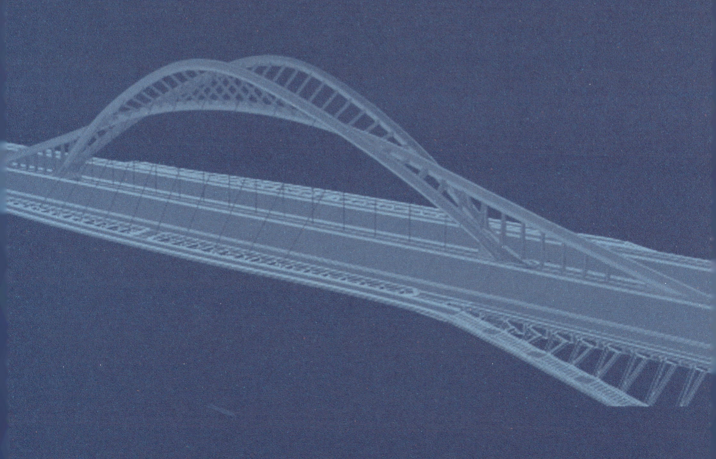

景观桥梁"四维"美学实现设计理论及创新设计方法在长三角、京津冀、粤港澳大湾区、中西部等全国21个省级地区、200多座景观桥梁工程中得到实践应用。下面以典型工程项目为案例对该理论、方法的综合使用过程进行详细说明。

7.1 异形空间桁架结构典型案例

7.1.1 南京浦口桥林胭脂扣步行桥

1. 项目概况

胭脂扣步行桥位于新桥林公园石碛水韵区域内，处于石碛河三岔河口地带，连接河两岸景观湿地和南湾街一号桥，方便游人穿梭于沿河两岸。该桥由两个同心环形桥错层组成，"环环相扣"造型照应桥林镇流传的"霸王别姬"的爱情传说，打造区域独特的景观地标。桥梁采用双层反对称环形空间桁架结构，如图7-1。

图7-1 项目地理位置图

2. 环境分析

规划条件：两岸滨河景观开发，东侧为演艺文化公园公共建筑和居民区，西侧为老城文化街区，如图7-2。

环境协调分析结果：场地环境为低密度开发城市环境，桥梁为人群活动和休闲节点。结构体量为自体低高度平衡，空间上融合两岸桥上桥下空间，风格采用与规划建筑协调的现代风格。

图7-2 场地自然环境：平坦开阔，河网发达

3. 文化提炼

桥位位于桥林镇（古称失姬镇），项羽与虞姬的故事脍炙人口，是当地具有代表性的历史文化符号。在文化提炼方法中采用内涵优先原则，对历史故事进行了解读和演绎，用两个交错相扣的同心圆环象征项羽与虞姬的爱情故事。如图7-3。

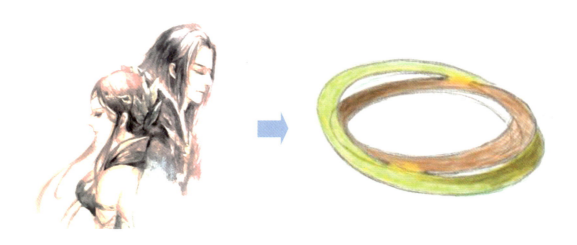

图7-3 文化意象的提炼

4. 结构赋形

功能目标确定：结构实现跨越两个河道，空间实现复合上下层交通和游憩功能，美学上实现环环相扣的文化主题。交错的圆环不仅仅是交通空间的需要，同时也是结构的组成部分。采用"多阶段迭代"设计方法对该桥结构进行体系设计。选用空间环形桁架结构实现功能和结构上的统一。如图7-4。

图7-4 环形空间桁架结构的多阶段迭代设计实现

胭脂扣双层环形桥，小环与大环两两相扣，在反对称轴处相交。采用四跨环形刚构桁架体系，跨径布置为（54.264 + 45.22 + 54.264 + 45.22）m。单层桥面宽度为3.3~4.75 m。桁架轴线位于短轴62.5 m 长轴64 m的椭圆上，桁架高度为0.8~4.71 m。

5. 功能验证

结构功能：本项目作为复杂空间桁架结构迭代赋形分析技术的典型应用案例，充分展示了结构的良好性能。经计算分析，结构的强度和刚度均满足规范限值，同时自振模态方面，第8阶振型以竖向振动为主，频率达到3.4 Hz，满足规范要求。整体失稳的特征值屈曲系数为114，也可以确保结构在运营阶段不会发生失稳。见图7-5、图7-6。

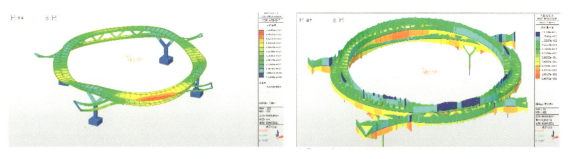

图 7-5　结构的位移和应力云图

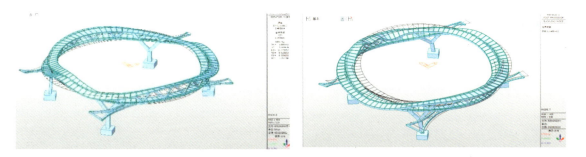

图 7-6　竖向振动振型结构及整体失稳模态分析图

景观体验：实现了复合桥梁空间的营造，满足行人通行和游玩观景的不同需要，在使用体验上具有丰富的多元属性和趣味性，与水上景观表演结合，将桥梁打造成为具有吸引力的水上观景舞台。如图 7-7。

图 7-7　桥梁的多元空间营造

6. 项目小结

本项目通过景观桥梁美学实现"四维"设计理论指导，运用相应的"四步造景"美学实现设计方法，成功实现了桥梁从文化提炼到结构赋形的飞跃，创造出城市环境中具有代表性的景观桥作品，并取得文化表达、空间营造、结构创新三者的融合与统一。

7.1.2 南京青奥公园跨河桥

1. 项目概况

南京青奥公园跨河桥位于南京市浦口新城核心区,横跨城南河,连接青奥公园 A、B 两个地块的主场馆。平面位于 S 形变宽曲面上,桥宽 14.4~20.5 m,设计桥型采用"波浪形"空间曲面钢桁架桥,全长 150 m,为三跨连续结构。构思来源于 A 地块综合馆"长江之舟"的轮船造型,桥梁形态与船的整体意象保持一致,采用起伏的桁架和曲线体现波浪连绵的意境,与主体建筑相得益彰。如图 7-8。

图 7-8 项目位置图

2. 环境分析

场地自然环境:平坦地形、跨河。

规划条件:两岸滨河景观开发,两侧连接青奥会场馆和体育公园。如图 7-9。

环境协调分析结果:场地环境为中等密度开发城市环境,桥梁为人群活动和休闲节点。结构体量为与两侧建筑实现体积平衡,比两侧建筑低矮,形成纵向的联系过渡,空间上融合两侧建筑,风格与规划建筑协调,采用现代风格。

3. 文化提炼

桥梁位于浦口青奥公园中,是两个场馆的连接桥。文化提炼上一方面强调与青奥主题的呼应,另一方面与两侧场馆的呼应。两侧场馆主题为:长江之舟、长江之鸥。如图 7-10。

青奥主题:活力、动感。

场馆主题:长江主题,长江之浪,象征青年人如长江之后浪,充满活力与潜力。

图 7-9 桥位场地环境

图 7-10 凸显青奥与长江文化主题

4. 结构赋形

功能目标确定：意象上实现波浪起伏的形象，功能上实现两个场馆的联系，体验上实现人与桥梁的互动与乐趣，景观上充分展示三维空间扭转钢桁架的结构变化美感。桁架的高度变化不仅仅是建筑体量的要求，也是结构受力的要求。如图 7-11。

该桥上部结构造型为"波浪形"空间曲面钢桁架桥，跨径组成为 30 m + 90 m + 30 m = 150 m，全桥断面按整幅设置，为三跨连续结构。空间钢桁架高度 6~12 m，上、下弦杆及腹杆截面均为箱形。桥面系由纵、横梁形成梁格体系，纵、横梁截面为 H 型。

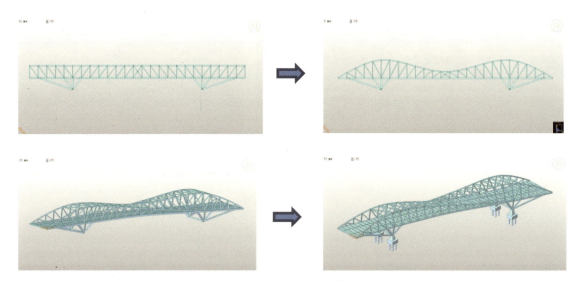

图 7-11 空间钢桁架的多阶段迭代赋形

5. 功能验证

结构功能：本项目作为复杂空间桁架结构的典型应用案例，充分体现了多阶段迭代赋形分析技术以实现结构良好性能为基础的找形方法的优越性。经计算分析，赋形所得结构的强度和刚度均满足规范限值。同时自振模态方面，第 1 阶振型以竖向振动为主，频率达到 2.0 Hz，需要进行舒适度分析。结构失稳第一阶模态以局部构件失稳为主，特征值屈曲系数为 31，也可以确保结构在运营阶段不会发生失稳。如图 7-12、图 7-13。

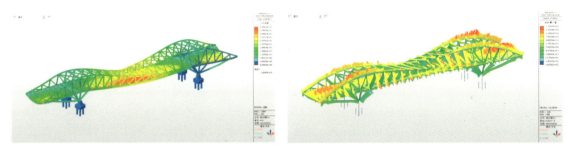

图 7-12　结构的位移和应力云图

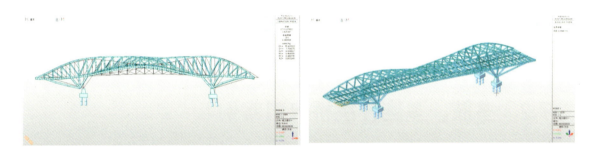

图 7-13　竖向振动振型结构及整体失稳模态分析图

景观体验：桥梁功能在满足青奥公园城南河两岸场馆间行人交通需求的同时，又营造了城南河风光带上的重要景观节点，为行人观赏沿河城市、自然风光提供一个舒适、惬意的公共空间场所。

充满活力和独特韵味的桥梁结构形式，给人带来耳目一新的时尚感、科技感。通过色彩变化和杆件的艺术化处理，给人以活力、动感的桥梁空间体验。如图 7-14。

图 7-14　活力、动感的空间体验

6. 项目小结

本项目通过"四维"设计理论的指导，运用"四步造景"设计方法，采用结构赋形技术成功打通了景观桥梁从文化提炼到结构实现的技术路径；采用 BIM 三维正向设计实现了复杂空间桁架结构的精细化设计，为后续异形空间桁架结构的精确化、快速化施工打下坚实的基础。该项目因为独特的造型和创新的结构体系设计，获得 2019 年世界人行桥奖金奖。

7.2　多肢、多连杆拱桥典型案例

基于多肢、多连杆空间拱结构的一系列创新设计方法和实现关键技术，创造了多种造型优美、结构合理的拱桥形式，并在实际项目中得以应用。代表项目有常州星港大桥、西宁滨河路桥、深圳前海 3 号桥、威海石家河桥等。

7.2.1　常州星港大桥

1. 项目概况

常州星港大桥工程位于常州市钟楼区，道路西起奔牛区界，东至樱花路，跨越新京杭大运河，承担着沟通常州市主城区及快速路环线系统的重要交通功能。星港大桥跨越的京杭大运河为Ⅲ级航道，通航净空为 60×7 m。桥梁全长 496 m，跨径分布为 (2×30)m + (3×30)m +(50+120+50)m +(4×30)m。主桥为三肋空间梁拱组合体系钢桥，双向 6 车道，两侧布置非机动车道、人行道。如图 7-15。

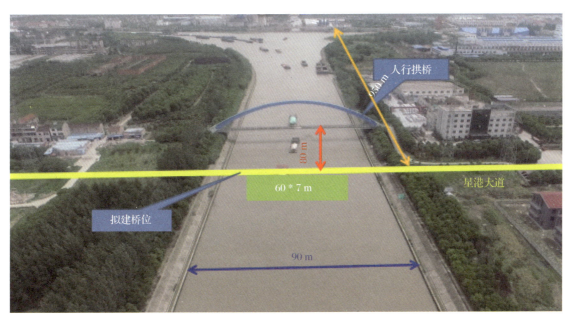

图 7-15　案例项目地理位置图

2. 环境分析

场地自然环境：跨运河、平坦地形。如图 7-16。

人文环境：两岸为待开发城市，北侧 80 m 有一座老的人行拱桥，需考虑整体协调。运河需保证通航，道路两侧的高压铁塔对施工有影响。

图 7-16　桥位周边环境

体积平衡分析：本桥将作为运河上的视觉焦点打造。北侧人行桥是场地主要体积干扰因素。桥型的视觉分析表明，斜拉桥、悬索桥的直线造型与原人行桥曲线造型相互影响，协调性较差，体积偏向河岸两侧；连续箱梁桥型平坦，识别度不高。如图 7-17。

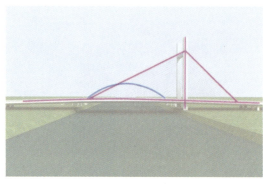
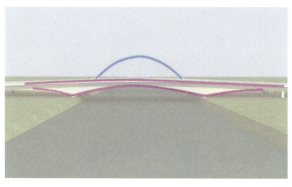

图 7-17　斜拉桥桥型与连续梁桥型的视觉比较分析

拱桥方案是较好的选择,能与老的人行拱桥相协调,对原有的城市天际线基本无影响。同时拱结构在运河中心形成视觉焦点,能达到较理想的视觉平衡状态。桥面系施工可采用顶推施工,避免了对航道通航的影响。如图 7-18。

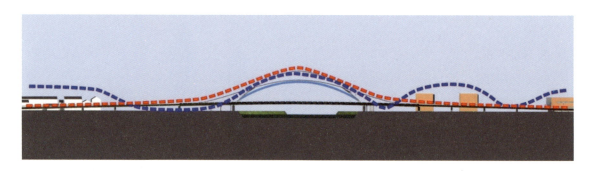

图 7-18　桥梁线形与环境天际线的协调

为了达到更好的体积平衡,新建拱桥相比旁边的人行桥,应具有更强的体积感和识别度,从而形成新的视觉焦点,因而考虑设置复杂多肢拱桥造型。如图 7-19。

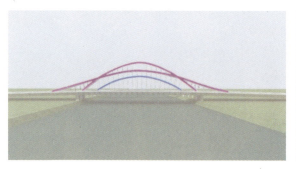

图 7-19　拱桥不同角度视觉分析

3. 文化提炼

常州又称龙城，常州民间流传有"六龙竞渡白云溪"的传说。清乾隆皇帝六次巡视江南，三次到常州天宁寺拈香礼佛，并御笔题写了"龙城象教"的匾额，说明即使是清廷皇帝都对常州称作龙城给予了确认。同时，常州恐龙园也是常州市旅游的一张名片。如图 7-20。

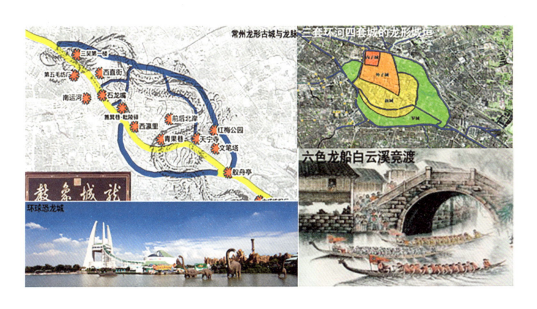

图 7-20　常州历史文化图

桥梁方案提炼常州特色的"龙城文化"城市精神，以龙的形象为方案创作意向，提取"龙城精神"的文化内涵作为方案设计主题，如图 7-21。上部结构利用拱肋的空间变化，形成宛如一条巨龙脊背的独特造型，两侧倾斜拱肋与中拱肋的连杆抽象表现为龙骨，象征巨龙正在积聚力量准备新的腾飞，如图 7-22。

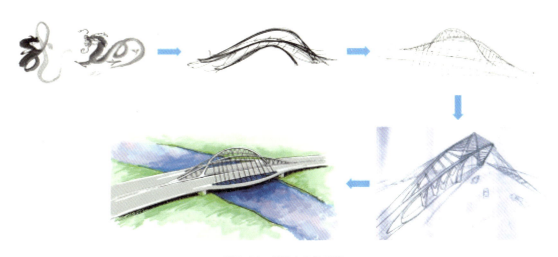

图 7-21　桥梁方案构思图

图 7-22 桥梁效果图

4. 结构赋形

功能分析：桥梁为市政主干道桥。桥梁在施工和运营阶段须满足河道通航要求，同时要确保桥梁结构的合理性。桥梁交通功能既要保证车行交通的安全、快捷，还需提升慢行空间的品质，为行人打造活力、舒适的休闲观景场所。

结构体系设计：采用多肢多连杆拱桥结构体系＋三跨等高钢箱梁＋横梁悬挑人行道及三索面组合结构体系。桥梁模型如图 7-23。

多肢拱肋排列与龙城意象相呼应，形成龙脊的形象，打造具有常州历史文化特色的桥梁。桥梁立面造型与主桥两侧带镂空的弧形人行道大挑臂造型交相呼应，形成水上升明月的艺术效果。桥梁实景如图 7-24。

图 7-23 桥梁 BIM 模型

图 7-24 桥梁实景图

5. 功能验证

结构功能：本项目作为多肢、多连杆空间拱典型应用案例，充分展示了阵列组合设计法在空间结构形态创新中的作用。经计算分析，结构的强度、刚度和疲劳性能均满足规范要求。

在振动模态方面，第 1 阶振型表现为中拱肋和边拱肋同向对称侧弯，频率为 1.492 Hz。结构整体失稳的特征值屈曲系数为 11.89，失稳模态表现为中拱肋和边拱肋同向对称侧弯，满足规范大于 4~6 的要求，结构具有良好的稳定性。如图 7-25、图 7-26。

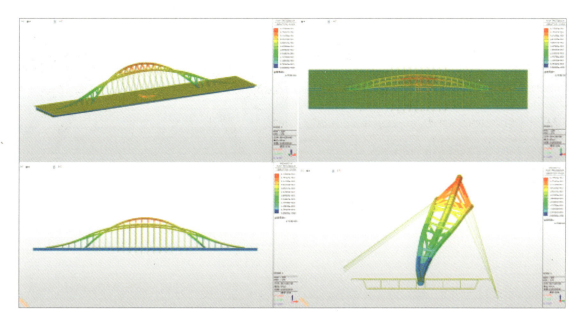

图 7-25 第 1 阶振动模态

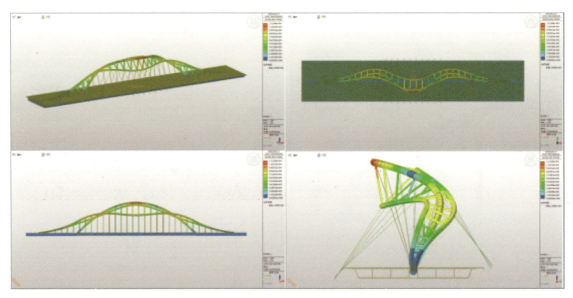

图 7-26　第 1 阶失稳模态

景观体验：因为拱肋和连杆的起伏变化，行车视角具有较好的体验效果，桥面上形成分离式人行空间，提升了行人的体验感和舒适度。桥梁景观体验空间如图 7-27。

图 7-27　桥空间营造

6. 项目小结

本项目通过"四维"设计理论的指导，运用"四步造景"设计方法，采用结构赋形技术成功实现了桥梁方案从文化提炼到结构实现的跃升，体现了桥梁空间造型设计与结构受力设计的融合、协调与统一。通过多肢多连杆拱结构体系设计方法的运用，创造出一件具有代表性的景观桥作品，完美表达了文化创意、空间营造、结构表现在景观桥梁美学实现中的平衡。

7.2.2 威海石家河大桥

1. 项目概况

石家河大桥位于威海东部滨海新城松涧路上，道路西起公园路，东至威石辅路，穿越石家河公园，长约 1.5 km，其中跨越石家河约 200 m，穿越黑松林 600 m。道路等级为城市主干路，双向六车道，道路宽度 39 米。如图 7-28。

图 7-28 项目地理位置图

主桥为梁拱组合体系，主梁采用 5 跨变高度连续箱梁，跨径布置（35+40+100+40+35）m。主要受力构件由主梁、拱肋及连杆、吊杆构成。中拱、边拱和横向连杆采用钢构件，吊杆采用环氧涂层钢绞线成品吊杆，分为直吊杆和斜吊杆，其间距均为 6 m，直吊杆共有 14 根，斜吊杆共计 20 根。主桥主跨宽 35 m，边跨及辅助跨宽 38 m。外侧人非混行部分通过外侧吊杆、挑梁和边拱、主梁连接。如图 7-29。

六边形钢箱结构的拱肋分为中拱和边拱，中拱与边拱的拱轴线采用样条曲线拟合而成，两侧边拱外倾成 35°的 V 字形，两侧边拱在横桥向左右对称，中拱和边拱之间通过 V 形连杆进行连接。

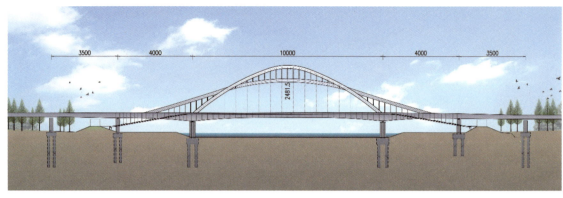

图 7-29 桥梁总体布置

2. 环境分析

场地自然环境：项目东侧跨越石家河，桥位距离海边约 1.5 km；西侧以黑松林为主，工程建设时应尽量保护好松林现状，保证石家河公园的景观和生态连续性。如图 7-30。

规划条件：两岸滨河景观开发，两侧为黑松林景观步道、房车营地。

环境分析结果：场地环境为滨海生态公园，桥梁为人群活动和休闲节点。桥梁将作为场地中的标志性景观打造。桥梁不仅需要考虑交通功能，还需要适当考虑与黑松林公园之间的沟通及人群观景需求。

图 7-30 项目线位与场地自然环境

3. 文化提炼

桥梁方案设计构思主要从仿生学的角度出发，设计灵感来源于展翼翱翔的海鸟形象，结合桥梁结构的受力特征，构造富有海洋特色的水上桥梁建筑。如图 7-31。

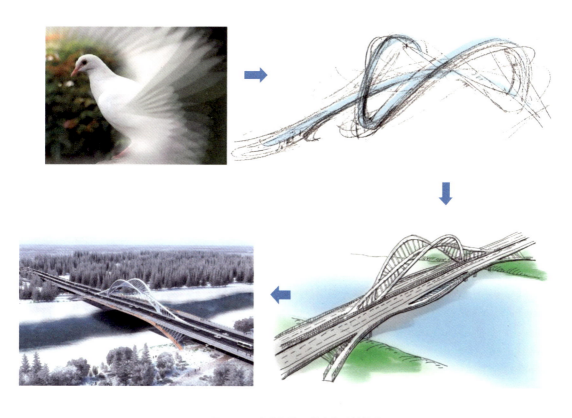

图 7-31 文化提炼及其意象的结构化

桥梁向两侧外倾的拱肋，犹如海鸟乘风翱翔的双翼。桥梁拱肋造型简练、流畅，拱型曲线典雅、秀丽，富于海洋文化的浪漫气息；富有动感、充满张力的结构线条，给人一种昂扬向上的心理感受。

4. 结构赋形

石家河大桥拱肋由三个拱肋组成，中间拱肋与两侧边拱肋形成交错变化的独特形态。中间拱肢长、低，两侧拱短、高，拱片间通过横向V型连杆联系成整体，V型连杆随着拱肋的位置变化而转动形成富有韵律感的运动序列，与中拱直吊杆、边拱斜吊杆对应连接形成合理传力路径，实现了建筑造型与结构功能的统一。桥梁在结构找形中通过对拱肋分肢组合、多连杆排列结构构件的解构重组，并结合空间力系动态平衡设计方法创造出动感、韵律的结构形态。如图7-32。

5. 功能验证

结构功能：本项目运用了拱辅助梁体系受力模式，既充分地利用了变截面PC连续箱梁的承载能力，又减轻了多肢拱肋的受力压力（图7-33），在保证大桥结构安全性的同时，又实现了拱肢优美轻巧的建筑造型，经济性也很好。空间有限元分析表明，结构具有良好的稳定性，如图7-34、图7-35。

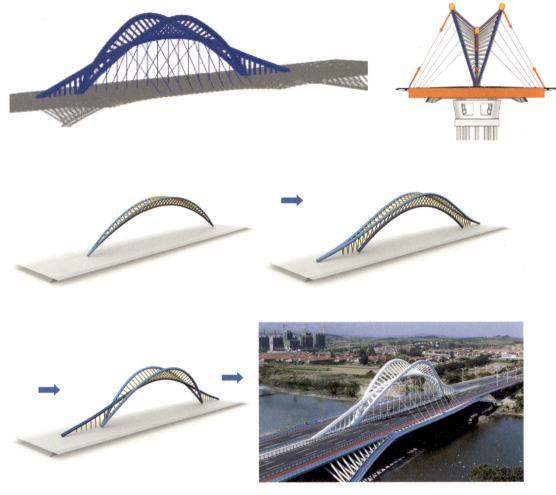

图 7-32 桥梁采用"阵列组合"及空间力系动态平衡法找形

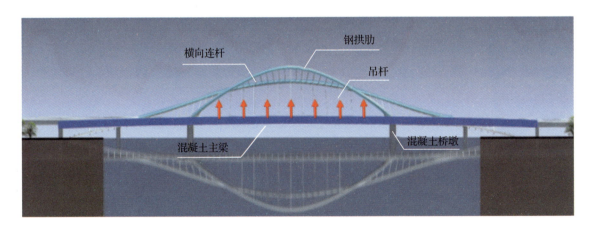

图 7-33 结构拱梁联合受力示意图

图 7-34 空间有限元模型

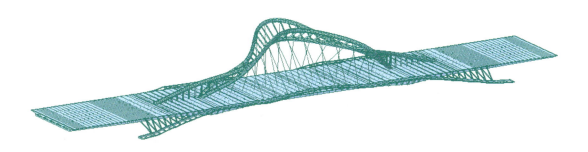

图 7-35 第 1 阶屈曲振型（屈曲系数 10.8）

六边形拱肋外壁最大应力值 180 MPa，拱肋外壁其余部分的主压应力在 110 MPa 以下，与整体杆系模型的计算结果吻合。如图 7-36。

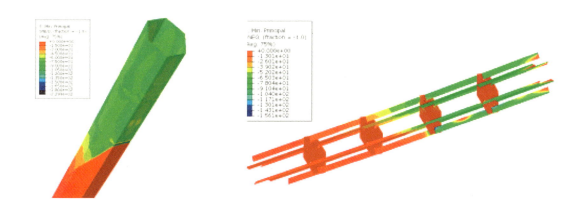

图 7-36 六边形拱肋外壁主压应力及拱肋内部主压应力图（单位：MPa）

拱肋和拱箱外壁的最大应力 250 MPa 左右，在下翼缘和腹板交界处达到最大，在拱肋和拱箱衔接处其他位置的应力在 160~180 MPa，满足规范要求。如图 7-37。

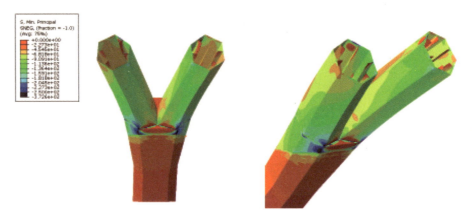

图 7-37　拱肋外壁主压应力云图（单位：MPa）

景观体验：在景观体验设计上注重行人多角度的观景感受。通过桥梁结构的总体布置与空间分隔，将慢行系统中非机动车道和步行道空间进行区分。人行道的斜吊杆分割了行人向上的视觉空间，丰富了桥上观景层次，也使桥梁造型更富于变化和韵味。

在桥梁两侧设置人行步道与公园地面道路衔接，加强桥上空间和桥下公园绿地的有效沟通，通过韵律、透空的三角形结构杆将步道与主桥箱梁连接在一起。人在桥梁步道上观景，随着空间位置的不同，会产生不同的观景感受，丰富了行人的观景层次，也彰显以人为本的人性化设计理念。如图 7-38。

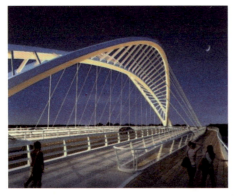 

图 7-38　行人视角的桥梁景观效果

6. 项目小结

多肢多连杆空间拱结构体系创新设计方法的运用，创造出一个具有代表性的景观桥作品，人行步道和桥梁结构相结合，体现了文化、生态与结构在桥梁方案上的统一。本项目体现了"四维"设计理论及以解构—重构为基本思想的结构赋形技术在桥梁结构体系创新上的重要作用。如图 7-39。

图 7-39 威海石家河大桥建成实景图

7.2.3 深圳前海梦海前湾河桥

1. 项目概况

梦海前湾河桥（3号桥）位于深圳前海梦海大道与前湾河水廊道交叉节点，桥梁上跨前湾河，是连接深圳前海深港合作区和宝安中心区的重要通道，也是前海桥梁中独具特色的一座景观桥。前湾水廊道规划定位为自然水廊道，以前海湾茂盛的植被与湿地景观为基础，打造休闲、生态、多彩的城市公共空间。如图 7-40。

梦海前湾河桥采用简支拱梁组合体系钢桥，一跨跨越前湾河水廊道，计算跨径为 155.5 m，桥梁宽度为 46.5 m。

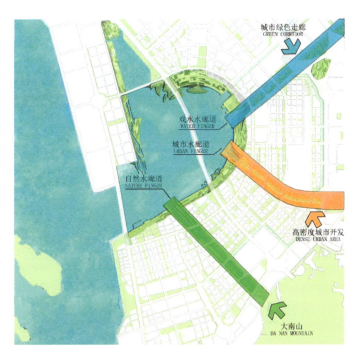

图 7-40 项目地理位置图

2. 环境分析

自然环境：区域属填海造陆的滨海地形，所跨河道为亚热带绿地环境。如图 7-41。

人文环境：前海属于广州自贸区的组成部分，规划定位为高密度开发的现代城市。整体风格为现代都市风格。桥梁位于前海自贸区核心区边缘，处于前海和保安区交界处。

环境分析结果：前海高密度核心区的桥梁宜相对低调平缓，与周边建筑协调。3 号桥位处，开发密度有所降低，因此本桥上部可适度增强体积感，使环境整体实现体积平衡，并在两区交界处形成标志性桥梁景观。

桥梁基于场地条件，在功能上以提升城市居民生活品质为目标，在造型设计上则要注重满足行人多角度的观景需要。

图 7-41　桥位处自然环境与城市环境

3. 文化提炼

桥梁方案设计主题由法国建筑师马克·米姆拉姆提出，其设计理念为"护佑之翼"。方案通过别具一格的结构布局和杆件组合打造以功能多元、造型优雅为特色的城市桥梁建筑，创造连续、开放、宜人的多层次城市交通空间，体现城市"生态、智慧、宜居" 的新发展理念。

桥梁在形态表现上强调结构的节奏与动感，注重结构在空间多视角、多时序下的多元展示，体现时代气息和科技感。如图 7-42。

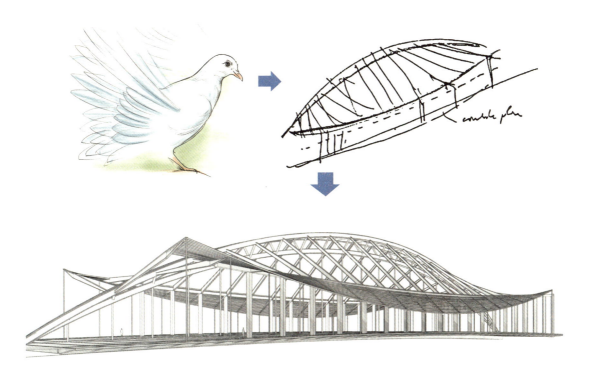

图 7-42　文化提炼与结构创意过程

4. 结构赋形

梦海前湾河桥采用简支拱梁组合体系钢桥，一跨跨越前湾河水廊道。桥梁结构为一道中间主拱圈和两道刚架以及横向连杆组成，与主梁形成多元组合结构体系。

主拱为空间结构，采用三维空间曲线造型，拱架由三道独立的单箱通过横向联系杆件连接成空间刚架拱，横断面成三角形结构，在桥梁两端逐渐收紧成为一个箱形断面与主梁固结，拱间平、斜连杆为箱形断面。如图 7-43。

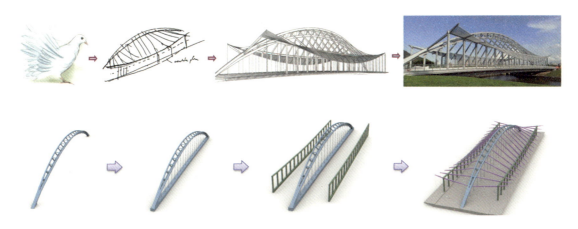

图 7-43　梦海前湾河桥结构的解构、重构示意图

结构造型的中间部位是主拱梁，与两侧刚架共同受力。主拱梁与刚架间的横向连杆，沿纵向进行韵律的起伏变化，连杆向两侧伸展形成曲面双翼，轻盈而灵动。刚架设置在侧分带上，由刚架立柱和刚架梁组成，成为车行道和人行道的天然分割。刚架在桥面系以上的总高度沿顺桥向变化，横向连杆随之旋转，形成富有韵律的展翅造型。拱梁与连杆共同分隔、界定出桥上结构的视域空间。该空间随着结构杆件组合的变化而变化，营造出独特、多变的视觉景观。如图7-44。

图7-44 梦海前湾河桥建成实景

5. 功能验证

结构功能：设计对拱、梁体系联合受力的特性进行了分析，充分考虑拱桥建筑和结构需求，通过主动调整吊杆力对不同体系的受力分配进行控制以达到设计要求。如图7-45、图7-46。

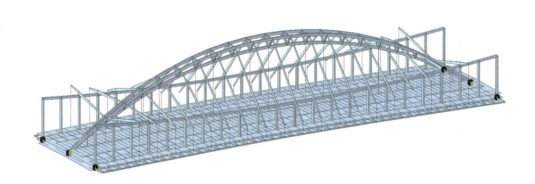

图7-45 有限元模型图

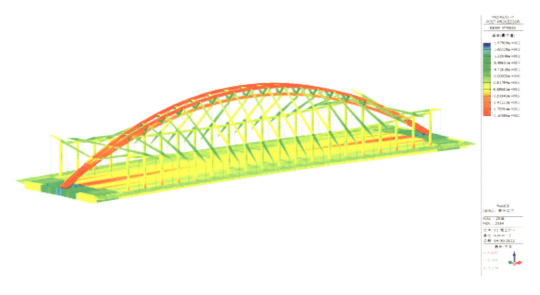

图 7-46　钢结构应力云图

对桥梁整体结构及局部节点进行了多模型及有限元分析，桥梁构件强度、刚度、稳定性均满足规范要求。如图 7-47。

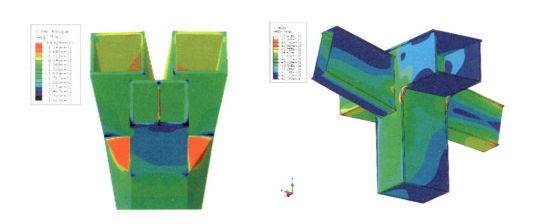

图 7-47　拱肋、刚架等节点壁板主压应力云图（单位：MPa）

景观体验：桥梁形态在景观表现上富于时尚感和现代动感，注重多元空间观景体验的营造。结构杆件的布置疏密得当，使结构保持了较好的视线通透性和景观完整性。在整体布置和空间布局上，桥梁注重慢行系统与车行系统的分隔设计。在桥两侧布置非机动车道和人行道，设置纵向钢梁将两者与机动车道分隔，形成两个独立开敞空间。周到的快、慢分离设计给行人以安全感，让行人能从容地欣赏桥外的风景。慢行系统上方设置流线型遮庇顶棚，使人行通道成为舒适的廊道、包容的场所以及适于休闲和交流的观景平台。如图 7-48。

图 7-48　桥上空间的景观布局

6. 项目小结

本项目桥梁运用了以解构—重构思想为基础的多元构件组合结构体系设计方法，采用多肢拱、刚架、梁以及多连杆四种结构组合体系，实现了结构上的平衡和造型空间上的多元营造。桥梁以鲜明、时尚的结构形象表现凸显了前海绿化空间和水廊道的城市景观特质，有效提升城市居民的生活品质，打造出富有前海独特风格的艺术作品，并成为前海最具代表性和辨识度的桥梁建筑，受到央视新闻的关注、报道。

7.3　空间索面结构典型案例

空间索面斜拉桥的吊索设计具有复杂性，采用空间索结构参数化设计技术可以实现扭索面吊索的快速定位、碰撞检查以及快速施工放样。该技术已在实际项目中得以应用，代表项目有浙江京华市东阳市博士路大桥、北京冬奥会冰雪五环桥等。

7.3.1　东阳市博士路大桥

1. 项目概况

东阳市博士路大桥项目起自兴平东路，上跨江滨南街、东阳江、江滨北街，全长 2.4 km。东阳江是一条大型生态绿化通廊，也是城市景观标志的绿轴，该绿轴与周边自然山体南山、北山共同架构一个完善的城市生态绿化系统，因而对本项目的景观性提出了很高的要求。如图 7-49。

图 7-49　项目地理位置图

博士路大桥采用 2×100 m 主跨布置，大桥只有主塔位于水中，主跨跨越大堤及堤顶道路。为使主梁受力更加合理，两侧各设置 30 m 的辅助跨。大桥跨径布置为：(30 + 100 + 100 + 30)m，桥面全宽 51 m。

2. 环境分析

场地自然环境：平坦开阔，远处群山环绕。如图 7-50。

规划条件：东阳江属于省级湿地公园，主要保护目标为湿地资源、生物资源及景观资源。

环境协调分析结果：场地环境为大型生态绿化通廊，桥梁为人群活动和休闲节点。结构体量宜竖向高耸、纵向舒展，空间布局上宜使桥梁空间与两岸三地空间相融合；建筑风格宜采用现代风格，与周边城市规划保持协调。

图 7-50　场地自然环境

3. 文化提炼

博士路大桥桥塔采用"人"字形塔，寓意东阳"以人为本"的发展理念。塔身直立高耸，向上线条自然、舒展，向下线条刚健、有力。东阳市花为月季，塔顶造型如绽放的月季花瓣，月季的花语是"等待有希望的希望、幸福、光荣"，寓意对未来的向往以及对幸福的期盼。如图7-51。

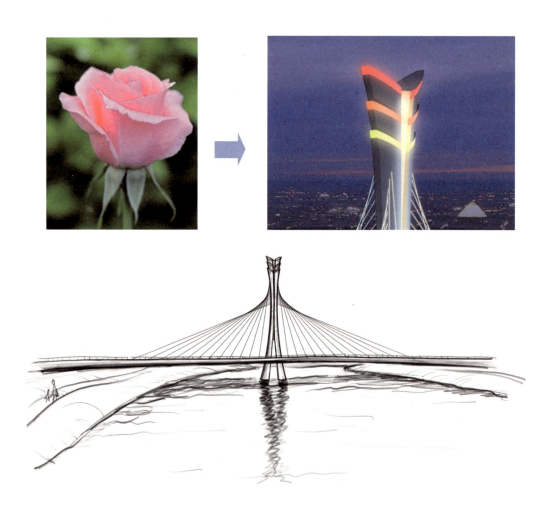

图 7-51　文化意象的提炼、抽象与结构表现

4. 结构赋形

功能目标确定：结构跨越东阳江，桥面设置机动车道和慢行系统，斜拉索布置在桥面机动车道外侧，使慢行系统远离机动车的干扰。

主梁采用大悬臂的分离式钢箱梁可以显著降低结构自重，并具有优越的抗风稳定性，另外使桥下空间更加通透。斜拉索采用马鞍形索面，形态动感时尚，并与大桥塔墩固结、塔梁分离的漂浮体系的受力相适应，拉索布置形式合理。如图7-52。

图 7-52 桥梁效果图

5. 功能验证

结构功能：本项目作为复杂空间索面斜拉桥的典型应用案例，BIM 参数化设计的应用确保了空间马鞍型索面布置的合理性与美观性。经计算分析，结构的强度和刚度均满足规范限值（图 7-53、图 7-54）。整体失稳的特征值屈曲系数为 48.7，可以确保结构在运营阶段不会发生失稳（图 7-55）。

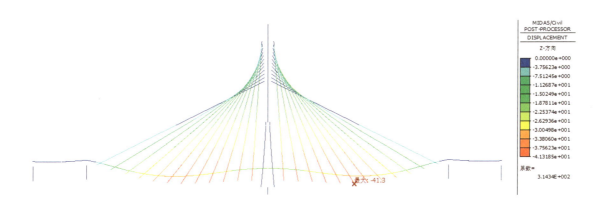

图 7-53 结构位移云图

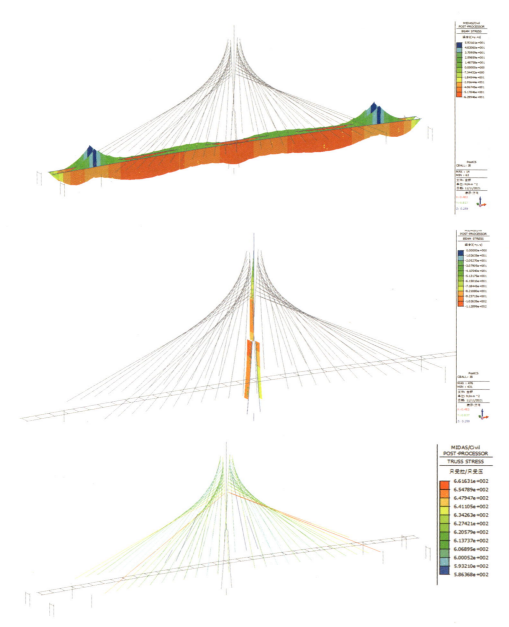

图 7-54 结构应力云图

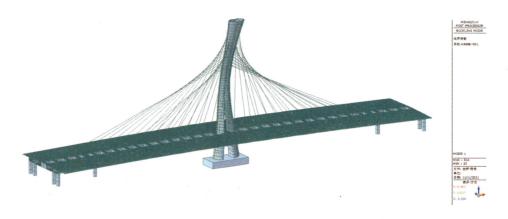

图 7-55 整体失稳模态

景观体验：桥梁塔体向上聚拢，轻盈而自然；交叉的腰部进行雕塑化处理，形成线条的交织和光影的凸隐；塔身下部张开如"人"字型，稳固地屹立在河道中间。桥塔采用马鞍形曲索面，充满艺术感和动感，使桥梁的"跨越"美更加突出。如图 7-56。

图 7-56　桥梁景观的跨越美感

大桥跨过两侧河堤后，设人行梯道实现桥面人行道与河堤慢行空间的衔接，方便行人上下桥，沟通了两岸和大桥的慢行系统，为行人营造便捷、多元的观景空间。如图 7-57。

图 7-57　桥上空间与桥下空间的沟通

6. 项目小结

本项目采用结构赋形技术实现了桥梁从文化意象到结构形态的恰当表达,并完美实现了文化创意、空间营造、结构表现之间的平衡。拉索采用空间索面 BIM 参数化智能定位技术,实现了空间扭索面索体冲突智能预判与精准定位,提升了空间扭索面结构景观桥设计与建造智能化水平。

7.3.2　北京冬奥会张家口赛区冰雪五环桥

1. 项目概况

2016 年底,延崇高速作为北京冬奥会连接延庆赛区和张家口崇礼赛区的重大交通保障工程,正式启动建设。冰雪五环桥位于延崇高速终点,连接崇礼太子城互通和太子城奥运村,是冬奥会崇礼赛区的最重要的出入口,因此冰雪五环桥也是进入崇礼赛区具有地标意义的建筑,对桥梁景观和桥梁文化提出了极高的要求。如图 7-58。

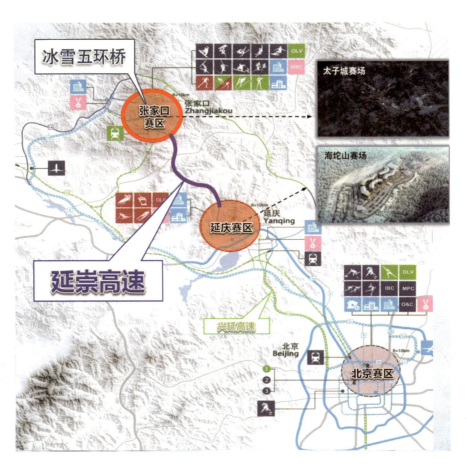

图 7-58　项目地理位置

2. 环境分析

冰雪五环桥位于一道狭长的山谷之中，桥梁连接棋盘梁隧道，上下行隧道间隔 20 m，桥面与山谷底面高差约 20 m，桥下还有通往冬奥村的道路及河流穿过，且与桥梁斜交约 75°。复杂的地形条件极大制约着桥梁方案的布置。如图 7-59。

图 7-59　桥位处场地环境

根据体积平衡理论，项目环境特征是起伏的山峦和谷底，而桥梁所处的位置正好位于一处谷底的低点，在视觉上有逐渐下沉的趋势，与两侧的山地形成视觉体积场上的对比。桥梁作为环境中的标志性景观，一方面需要通过自身的体积平衡环境中的体积场；另一方面需要利用环境特征，突出自身的形象。

桥梁以多个桥塔交错布置沿着山谷的地形展开，与两侧高山的走势形成体积上的对比关系。在视觉上以桥梁为中心，两侧的山峦形成平衡，并且使体积中心具有向视觉中心移动的趋势，从而达到环境视觉上的体积平衡。桥梁环境协调分析过程如图 7-60。

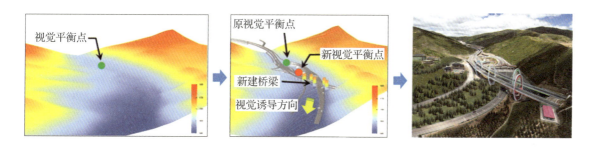

图 7-60　桥梁的环境协调分析过程

3. 文化提炼

冰雪五环桥是进出崇礼冬奥赛区的标志性建筑，将中国传统文化、奥运文化和冰雪运动文化融入桥梁的设计之中，能鲜明强调桥梁的中国属性、冬奥属性，展示中华文化的魅力。如图 7-61。

图 7-61　冰雪五环桥的美学实现过程

考虑到冰雪五环桥是进入崇礼冬奥村的门户，因而在设计中引入"门"的概念。环状的桥塔造型来源于中国传统园林建筑中的月洞门。月洞门在中国古典园林中是用作隔断和装饰的过径门。桥塔形如一轮圆形月洞门，将门里的交通空间小天地和门外的自然世界大天地相隔、相融，形成绝妙的平衡，反映了中国传统文化中天、地、人和谐的理念。

4. 结构赋形

冰雪五环桥采用同心椭圆的桥塔结构造型，其内外两层塔环断面均为五边形结构，象征中国与世界"同一个世界、同一个梦想"的奥运精神。两道椭圆塔环之间设置桁架连杆结构，各连杆通过有秩序的组合形成雪花纹理，结构既提高了桥塔受力性能，又能凸显"冰雪"文化的结构表现。如图 7-62。

图 7-62 冰雪五环桥雪景效果图

同心圆桁架结构桥塔能够很好解决拱形塔侧向受弯的力学问题，通过空间拉索向内的约束作用，实现与圆形桥塔竖向受压的力学平衡。如图 7-63。

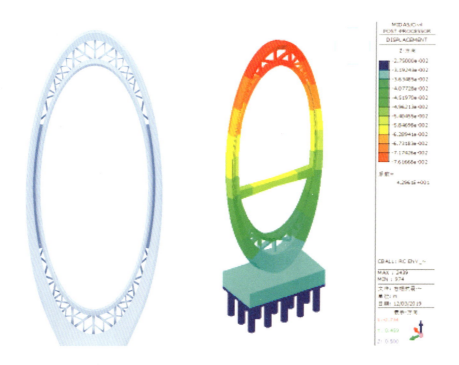

图 7-63 同心圆桁架结构应力云图

5. 功能验证

结构功能：桥梁采用解构—重构为核心理念的结构体系创新设计方法，通过基本结构单元的组合形成新的有机整体，实现了结构力与美的结合与平衡。如图7-64、图7-65。

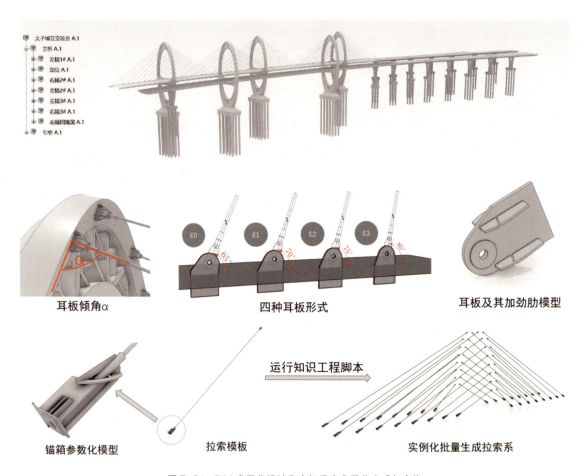

图7-64 BIM参数化设计和空间缆索参数化生成与定位

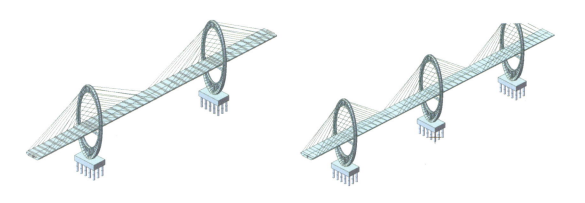

图7-65 左、右幅斜拉桥有限元模型图

结构分析表明：主梁处于压弯状态，承载能力极限状态下最大应力值为 101 MPa，最小值为 –103 MPa，钢箱梁应力满足规范要求。（图 7-66）

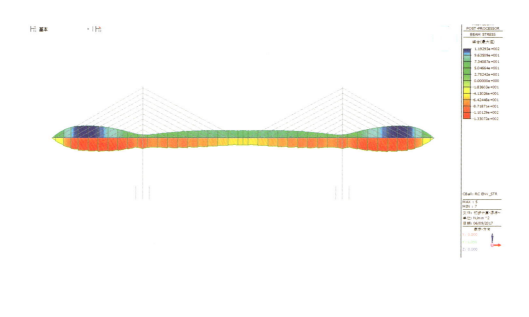

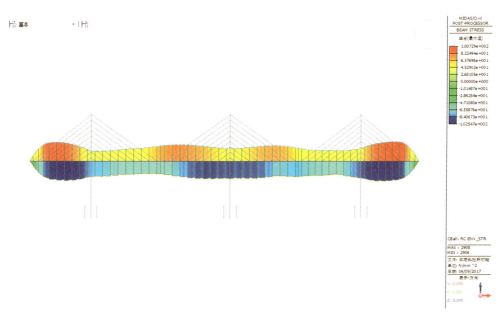

图 7-66　承载能力极限状态下主梁应力包络图（单位：MPa）

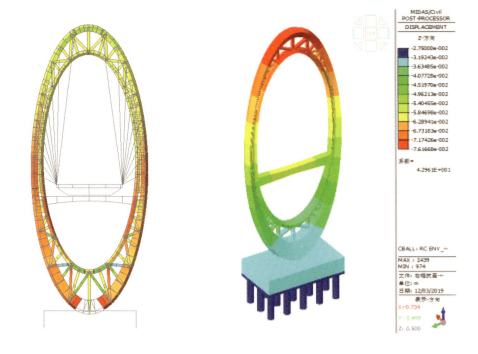

图 7-67　承载能力极限状态下的拱塔杆件应力云图

由图 7-67 可知,承载能力极限状态下的拱塔杆件最大应力值为 117 MPa,最小值为 -106 MPa,强度验算满足规范要求。

如图 7-68 所示,钢混结合段钢结构部分应力小于 150 MPa。

对桥梁整体结构及局部节点进行了多模型及有限元分析,桥梁构件强度、刚度、稳定性均满足规范要求。

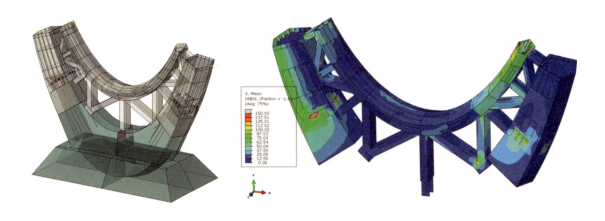

图 7-68　钢混结合段及混凝土段局部分析图(单位:MPa)

景观体验：设计从人的视角出发，分析了使用者的多种需求：（1）从不同角度、不同方向进出高速时的桥梁观景体验。（2）桥梁对于驾驶者行车视角的驾驶体验和心理影响。（3）旅客停车观赏和拍照的需求。根据环境和桥梁布置，选择合适位置建设高速服务区，营造集观景、休闲、服务为一体的综合交通服务设施和观景平台。

利用 BIM 设计技术和虚拟现实技术进行使用者体验分析。将 BIM 模型导入虚拟现实引擎，对项目周边环境及光影关系进行仿真模拟，从高空、车视、人视等不同视角以及昼夜冬夏等多时序景观对桥梁多角度视觉景观效果进行全面、精准的评价。同时，利用行车模拟对行车视距、净空等进行核查，保证桥梁具有良好的使用体验。如图 7-69。

图 7-69　多视点体验分析

根据多视角分析结果，推荐 2 号位作为综合服务区的选址，该位置利于桥梁观景和拍照取景，让桥梁成为一道可玩、可赏、可用的风景。如图 7-70。

图 7-70　不同视角的桥梁实景

6. 项目小结

本项目以"四维"设计理论为指导，建立景观桥梁美学实现"四步造景"设计方法。桥梁采用环境体积平衡法确定桥梁的方案布置和造型体量，通过文化提炼和赋形方法实现文化元素和结构造型的结合，利用 BIM 参数化技术和虚拟现实技术验证桥梁的建成效果。最终借助空间索定位技术实现桥梁的快速建造和安装，按时保质地完成了冬奥会重大保障项目的节点工程。2022 年初，北京冬奥会顺利开幕，该桥成为张家口赛区一道亮丽的风景，受到了包括央视在内的国内外媒体和社会各界的广泛关注。

Chapter 8

第 8 章
总结与展望

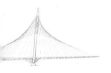

8.1 总结

本书详细介绍了景观桥梁美学实现基于"环境协调、建筑文化、结构表现、多元体验"的"四维"设计理论，揭示基于空间和视觉平衡的环境协调机理，解释了体积平衡理论及其对应的量化分析模型；阐明以解构—重构为核心理念的桥梁结构体系设计新理论，诠释结构赋形参数化设计模型。本书提出的、具有创新意义的景观桥梁美学实现理论与思想突破了景观桥梁以基本桥型为范的传统结构设计模式，打通景观桥梁从美学创作到工程实现之间的技术隔阂，为复杂、异形空间景观桥梁结构赋形设计难题提供了新的解决方案。"四维"设计理论与实现方法的建立推动了景观桥梁美学理论与工程实践的融合，实现景观桥梁在"四维"设计理论之上的结构赋形，达成力与美、构与形、桥与境的和谐统一。

本书聚焦景观桥梁的美学实现问题，结合创作团队二十余年的工程实践，给出了行之有效的解决方案：一是基于"结构的主动表达"思想提出了结构体系的还原拆解构成法。二是结合异形复杂空间结构的演变规律和设计逻辑，通过对异形空间桁架结构三维形态变化规律与结构受力机理的剖析，提出了多阶段迭代设计方法，揭示其空间复杂结构的功能进化和性能遗传的结构体系创新特征。三是通过对空间拱结构构形和力学原理的分析研究，提出结构体系联合设计法、多元形态设计法，采用阵列组合设计、空间力系动态平衡等创新思路，解决了空间拱结构创新与赋形难题。四是结合常见的典型桥型和桥梁重点景观展示细部，归纳总结了桥梁景观的美学提升思路。五是针对景观桥梁结构造型难以准确表达、结构构件尺寸难以精确表述、构件空间位置关系难以确定等问题，提出了景观桥梁结构的参数化设计理论与方法。六是对于 BIM 技术在景观桥梁上的参数化设计、批量化设计、精细化设计、可视化设计等方面的应用做了细致、详备的分析说明。BIM 技术的应用可显著提高景观桥梁的设计、建造智能化水平，有效突破了异形复杂空间桥梁结构赋形的技术瓶颈。

东南大学景观桥梁创作设计团队秉持"文化塑理念，匠心铸精品"的原则进行实践研究，景观桥梁的美学实现研究成果在长三角、京津冀、大湾区、中西部等全国 21 个省级地区 200 多座景观桥梁工程中得到成功应用，包括北京冬奥会张家口赛区冰雪五环桥、江苏张靖皋长江大桥（景观设计）、南京青奥体育公园桥、南京仙新路长江大桥（景观设计）、长三角中心一点方厅水院桥梁群、广州珠江人民桥、深圳前海自贸区桥梁群、雄安新区荣乌高速白沟河特大桥、京港澳高速广深段改扩建工程（桥梁建筑专项）等重点项目，产生重大社会影响，回应了时代的呼声，满足了人民群众对美的桥梁的需求。

8.2 展望

景观桥梁的建设不仅受自然条件、科技水平、经济状况等客观因素的约束,还受时代审美观点、建设决策和设计师个体意志、个人品位等主观因素的影响。这就要求桥梁创作者不仅要从工程技术层面来把控桥梁从无到有的全过程,还需要具备足够的人文、美学知识储备。新时代的宏伟蓝图描绘了一个富强、民主、文明、和谐的社会主义现代化中国,建设结构上可靠、经济上合理、形式上美观的桥梁已经成为桥梁设计者必须面对的考验。

得益于人们的重视,近年来桥梁美学作为美学理论的一个分支有了较大发展。对于桥梁美学实现的研究,未来也还有许多工作要做。随着互联网技术的发展,人类已进入数字化和智能化时代,桥梁建筑的美学概念、形态、理念、技术、艺术等从内涵到外延都有了迥异于传统的巨大变化。如何将数字技术与桥梁美学进行深度的融合、交叉,借助虚拟现实、智能感知等技术,在桥与人之间激发出更多元的"互动之美",是未来桥梁美学应该重点研究和开拓的方向。

参考文献

[1] 丁建明. 跨越的风景——景观桥梁四维创新理念与实践 [M]. 南京：东南大学出版社，2021.

[2] 勒·柯布西耶. 走向新建筑. 修订版 [M]. 杨至德，译. 南京：江苏凤凰科学技术出版社，2020.

[3] 闫波，姜蔚，王建一. 工程美学导论 [M]. 哈尔滨：哈尔滨工业大学出版社，2007.

[4] 林长川，林琳. 桥梁设计美学 [M]. 北京：中国建筑工业出版社，2014.

[5] 马林诺夫斯基. 文化论 [M]. 费孝通，译. 北京：中国民间文艺出版社，1987.

[6] 戴维·P. 比林顿. 塔和桥：结构工程的新艺术 [M]. 钟吉秀，译. 北京：科学普及出版社，1991.

致 谢

　　时光荏苒，岁月如梭，从 2006 年组建东南大学景观桥梁创作设计团队开始到如今本书的诞生，已经走过了 16 年的时间。本书是在众多支持者悉心关怀和精心呵护下才得以完稿，是用团队的智慧与汗水凝聚而成的。在成书过程中还得到了业界诸多院士和全国工程勘察设计大师的帮助与指导，他们为本书的编写提供了许多宝贵意见和建议，在此表示最为诚挚的感谢。

　　在十余年的工程实践中，景观桥梁创作设计团队与何镜堂院士、段进院士、法国马克·米姆拉姆(Marc Mimram)建筑师、王仁贵大师等行业巨擘领衔的国内外著名设计团队进行了广泛而深入的合作交流，并因此而深受教诲，获益匪浅，在此向他们致以崇高的谢意。此外还有众多建设单位、设计合作单位、施工单位等行业同仁也为本书提供了很多帮助，在此向他们表示衷心的感谢。